Gregrorius Abulpharagius Barhebræus, Joseph Zolinski

Biblische Synchronistik

Die Zeittafeln von der Weltschöpfung bis zur Zerstörung des Zweiten Tempels

Gregrorius Abulpharagius Barhebræus, Joseph Zolinski

Biblische Synchronistik
Die Zeittafeln von der Weltschöpfung bis zur Zerstörung des Zweiten Tempels

ISBN/EAN: 9783743356191

Hergestellt in Europa, USA, Kanada, Australien, Japan

Cover: Foto ©Lupo / pixelio.de

Manufactured and distributed by brebook publishing software
(www.brebook.com)

Gregrorius Abulpharagius Barhebræus, Joseph Zolinski

Biblische Synchronistik

ZUR CHRONOGRAPHIE

DES

GREGORIUS ABULPHARAGIUS BARHEBRÆUS.

I.

BIBLISCHE SYNCHRONISTIK.

DIE ZEITTAFELN

VON DER WELTSCHÖPFUNG BIS ZUR ZERSTÖRUNG DES ZWEITEN TEMPELS

NACH HANDSCHRIFTEN HERAUSGEGEBEN, ÜBERSETZT UND ERKLÄRT

VON

DR. JOSEPH ZOLINSKI.

BRESLAU 1894.

DRUCK VON TH. SCHATZKY, WALLSTRASSE 14.

Seinen lieben Eltern

in kindlicher Dankbarkeit.

Der Verfasser.

Lebensgang.

Der Verfasser wurde am 26. Juni 1870 in Jaraczewo, Provinz Posen geboren. Er besuchte das katholische St. Matthiasgymnasium in Breslau, woselbst er Ostern 1890 das Zeugnis der Reife erhielt. Durch seinen hochverehrten Lehrer und Gönner, den Gymnasialdirektor Dr. Johannes Oberdick, dem Studium der orientalischen Sprachen zugeführt, hörte er an den Universitäten Breslau und Heidelberg die Vorlesungen der Herren Professoren und Docenten DDr. Abicht, Baeumker, Beer, Brünnow, v. Domaszewsky, Excellenz Kuno Fischer, Fraenkel, Freudenthal, Kaufmann, Kittel, Koch, Lipps, Peiser, Praetorius und Schmarsow. Am 6. Juni 1893 bestand er nach Annahme seiner Dissertation die philosophische Doktorprüfung an der Heidelberger Universität.

Allen seinen Lehrern und den Verwaltungen der Breslauer Stadtbibliothek, sowie der Königlichen Bibliotheken in Breslau, Berlin und Göttingen spricht der Verfasser seinen herzlichsten Dank aus.

A.

Einleitung.

Mar Gregorius[1]), Maphrian des Orients, [geb. 1226, † 30. Juli 1286], aus der an den Euphratquellen gelegenen Stadt Melitene [dem heutigen Malatie] in Klein-Armenien, mit den Beinamen Abulpharagius und Bar-Hebraeus, bildet wie in der Exegese[2]), so auch in seinen chronologischen Schriften den Abschluss der litterarischen Thätigkeit der Syrer. Was vor

Druckfehler-Berichtigung.

Seite 1, Zeile 12 von oben statt susammenfasst: zusammenfasst.
„ 2, „ 17 „ „ „ Auf diese, hier: Auf diese hier.
„ 2, „ 18 „ „ „ vorliegende: vorliegenden.
„ 2, zu Anmerkung [9]): Ausserdem befinden sich in Vorbereitung die Scholien zu Marcus und Lucas von Steinhart-Breslau und zu Numeri von Wiener-Breslau.
„ 38, Nummer XX, Zeile 3 statt Egypten: Aegypten.
„ 38, „ I, „ 7 „ Egypten: Aegypten.
„ 40, „ 10, „ 4 „ In seinen Tagen richteten sich die Aegypter einen König ein: In seinen Tagen stellten die Aegypter einen König auf.

A.

Einleitung.

Mar Gregorius[1], Maphrian des Orients, [geb. 1226, † 30. Juli 1286], aus der an den Euphratquellen gelegenen Stadt Melitene [dem heutigen Malatie] in Klein-Armenien, mit den Beinamen Abulpharagius und Bar-Hebraeus, bildet wie in der Exegese[2], so auch in seinen chronologischen Schriften den Abschluss der litterarischen Thätigkeit der Syrer. Was vor ihm Dionysius von Tellmahhre[3] als Chronograph geleistet hat, ist des öfteren besprochen worden. Dagegen sind die geschichtlichen Werke des Gregorius, deren Wert darum so bedeutend ist, weil ein Mann von reichhaltiger Bildung in ihnen das Gesamtwissen einer früheren Welt- und Culturepoche noch einmal zusammenfasst, noch immer nicht vollständig gewürdigt worden[4].

[1]) Vgl. die Lebensbeschreibung des Gregorius: von Lagarde in Herzog und Plitt, Realencyclopaedie für protestantische Theologie, unter Abulfaradsch, von A. G. Hoffmann in Ersch und Grubers Encyclopaedie unter Barhebraeus, und von Assemani in Bibliotheca orientalis clementino-vaticana, Rom 1721, Bd. II.

[2]) Sein Hauptwerk ist das Horreum mysteriorum [Auṣar raze] aus dem Jahre 1280 n. Chr.

[3]) † 22. Aug. 845. Dionysii Tellmahhrensis chronici liber primus e. cod. syr. vatic. ed. illustr. O. F. Tullberg. Upsaliae. 1850. excerpta B. O. I 359 86 Michaelis 16 46 B. O. II. 72 7. — Ferner: Berättelse om Alexander den Store. öfversättning frän syriscan meed anmerkningar. af Carl Axel Hedenskog, Lund 1868. cf. Bezold, Dormienti, Eusebius. cf. Schönfelder Th Q. S. 1865. 699 704, schliesslich: Eusebii Canonum Epitome ex Dionysii Telmaharensis Chronico petita sociata opere verterunt notisque illustraverunt Carolus Siegfried et Henricus Gelzer, Lipsiae 1884, und H. A. von Gutschmid, Untersuchungen über die syrischen Epitome der Eusebischen Canones Stuttgart 1886 [prog. acad. Tubingens].

[4]) Vgl. Sextus Julius Africanus und die byzantinische Chronologie von Heinrich Gelzer. Zweiter Theil. Erste Abtheilung. Leipzig 1885: unter Barhebraeus. Seite 401 ff.

Dieser Mangel lässt sich aber grösstenteils auf den Umstand zurückführen, dass die Historiker sich mit schlechten, meist nur Bruchstücke bietenden Editionen beim Studium der Werke des Gregorius begnügen mussten. Während für die Historia Dynastiarum [HD] (vollendet i. J. 1276) die beiden von Eduard Pococke[5]) besorgten Ausgaben seit mehr als 200 Jahren die einzigen geblieben sind, trat für das Chronicon Syriacum (vollendet i. J. 1289) an die Stelle der unkritischen Ausgabe von Bruns und Kirsch[6]) aus dem Jahre 1789 erst nach Ablauf eines Jahrhunderts die schöne Pariser[7]) Gesamtausgabe vom Jahre 1890, welche wir der Sorgfalt des P. Bedjan verdanken. Auch das Chronicon ecclesiasticum [CHE] wurde erst in den Jahren 1872—1877 durch Abbeloos und Lamy[8]) zum Gemeingute der Geschichtsforschung. Die geringste Beachtung aber schenkte man dem keineswegs wertlosen Abriss der Weltgeschichte von Adam bis zur Zerstörung des zweiten Tempels in Jerusalem durch die Römer. Auf diese, hier im syrischen Originaltext zum ersten Male vereinigt vorliegende Tafeln, als auf einen Teil des in kurzer Zeit nun wohl vollständig herausgegebenen Horreum mysteriorum[9]), hatte im Jahre 1721 Joseph Simon

---

[5]) Historia compendiosa Dynastiarum ed. et trad. Eduardus Pocockius Oxonii 1663; die zweite Auflage von 1672 befindet sich auf der Göttinger Bibliothek; vgl. splendidissimus codex Dynastiarum arabicae in collectione Kremeriana, vide Kremer. Acad. Berol. 1885.

[6]) Chronicon Syriacum e codicibus Bodlejanis . . . ed P. J. Bruns et G. G. Kirsch. Leipzig 1789.

[7]) Gregorii Barhebraei Chronicon Syriacum e. codd. mss. emendatum ac punctis vocalibus adnotationibusque locupletatum. Parisiis 1890.

[8]) Chronicon ecclesiasticum quod e codice musei britannici descriptum . . ed, lat. don, annotationibusque . . . illustrarunt Joannes Baptista Abbeloos et Thomas Josephus Lamy. Lovanii. tomi IV.

[9]) Ausser den in Nestles syrischer Grammatik, Litteratura pagg 48 und 49, erwähnten Teilausgaben sind erschienen: Loehr. Gregorii Abulpharagii Bar Ebraya in epistulas Paulinas adnotationes. Göttingen 1889. — A. Heppner. die Scholien des B. H. zu Ruth und den apocryphischen Zusätzen zum Buche Daniel. Halle 1888. S. Kaatz, die Scholien des Gregorius Abulpharagius Barhebraeus zum Weisheitsbuch des Josua ben Sira. Halle 1892 — und Beiträge zur Geschichte der Bibelexegese Heft I: Des Gregorius Abulpharagius. gen. Bar-Hebraeus Scholien zum Buche Daniel von J. Freimann. Brünn 1892, In Vorbereitung sind von Gugenheim-Berlin die Scholien zu Ezechiel, von Dr. Krausz-Breslau die Scholien zu Josua, Richter und Samuel, von Dr. Morgenstern-Tübingen die zu den Königsbüchern, von Kerber-Breslau zum 3. Buch Mose.

Assemani in der Bibliotheca Orientalis, tom. II., pag. 282[10]), aufmerksam gemacht und sie alsdann in lateinischer Übersetzung unter dem Titel „Gregorii Barhebraei Abulpharagii, Primatis Orientis, Tabulae Chronologicae ab Orbe condito usque ad Excidium Hierosolymitanum" als erste der vier „Dissertationes" dem Chronicon Orientale des Petrus Rahebus[11]) zur Erläuterung beigefügt. An diesem versteckten Orte blieben sie bis in die neueste Zeit unbeachtet. Während Paul de Lagarde in den „Symmicta" vom Jahre 1880[12]) auf die chronologischen Tafeln in des Abulpharag Schatze der Geheimnisse verwies, „in welchem einige fragmente der syrischen übersezung des Eusebius enthalten sind", machte Wüstenfeld[13]) im Jahre 1882 von neuem auf die Tabulae Chronologicae aufmerksam. Bei der Besprechung des Sextus Julius Africanus von Gelzer nannte Frick in der Berliner Philologischen Wochenschrift[14]) die „Tabulae" im Jahre 1886 von neuem, ohne dass er jedoch zu sagen vermocht hätte, ob diese mit den von Lagarde erwähnten Tafeln identisch seien. Assemani hatte eben vergessen, im Chronicon Orientale anzugeben, dass seine „Dissertatio" dem Horreum mysteriorum entnommen sei; doch war er berechtigt, in Hinsicht auf die in B. O. II. gegebene

[10]) Tabulas . . . commentariis inserit . . . . . altera, fol. 52, Chronologica est ab Adam usque ad Moysen, in qua Hebraicae, Syriacae & Graecae editionis calculum quidem notat, sed Graecam secutus, annos colligit ab Orbe condito ad Moysen inclusivè 3882. Tertia, fol. 65, item Chronologica, à Josue filio Nun usque ad Saul Regem, hoc est, ab anno mundi 3882 ad annum 4411. Quarta, fol. 117., à Saul primo Hebraeorum Rege ad Sedeciam, hoc est ab anno 4431 ad annum 4915. Quinta tabula, fol. 161, à Nabuchodonosor usque ad Vespasianum Imperatorem, ubi Reges Chaldaeos recenset Medas Persas Aegyptios et Romanos ab Augusto ad Vespasianum ab anno 4915 ad annum mundi 5585, quo excidium Hierosolymae contigisse affirmat . . . .

[11]) Chronicon Orientale Petri Rahebi Aegyptii primum ex arab. lat. redd. ab Abrahamo Ecchellensi . . . nunc nova interpret. don. a Josepho Simonio Assemano . . . accessere ad ipsius Chronici illustrationem ejusdem J. S. Assemani Dissertationes IV. beide editiones Venetiis 1729 in der Kgl. Universitätsbibliothek zu Breslau Bd. XXI. der Scriptt. Hist. Byz.

[12]) Paul de Lagarde, Symmicta II, 7. Göttingen 1880. (Dieterich).

[13]) Wüstenfeld, Geschichtsschreiber der Araber. Göttingen 1882. No. 363. Gregorius.

[14]) Berliner Philologische Wochenschrift 1886. No. 22. Col. 683 ff.: Sextus Julius Africanus und die Byzantinische Chronographie von Heinrich Gelzer, Leipzig. Bd. I. 1880. II.,1 1885.

Notiz eine nochmalige Erinnerung für unnötig zu halten. So kam es, dass Nestle im Jahre 1888 in der Bibliographie zur syrischen Grammatik[15]), Litteratura, Seite 50, die Tabulae als ein gesondertes Werk betrachtet zu haben scheint, weil er sie hinter dem Nomocanon anführte, anstatt sie mit den Teilausgaben des Horreum zu verbinden. Auch der jüngste Herausgeber eines Stückes aus dem Horreum, Herr Dr. Freimann, hat den Tafeln nicht die gehörige Würdigung zu teil werden lassen. Trotz vielfacher Bemühung[16]) war es ihm unmöglich, die Assemanische Übersetzung zu erlangen. Anstatt aller vier Tafeln gab er nur die letzte, deren Überschrift schon andeutet, dass sie als Erläuterung zu den 70 Jahrwochen in dem von Freimann mit grossem Fleiss, aber leider wiederum in hebräischer Umschrift aus dem Horreum herausgegebenen Buche Daniel verwertbar ist. Jedoch zeigt der Inhalt der vierten Tafel, dass die Erläuterung der Jahrwochen nur nebensächlich ist, der Hauptzweck aber darin liegt, die in den ersten drei Tafeln gegebene Chronologie weiterzuführen. Der gesamte Tabellenstoff ist nämlich von Gregorius so eingeteilt und in den Rahmen des Horreum eingeordnet worden, dass Tafel I. über die Zeit von Adam bis Mose den Scholien zum Pentateuch folgt. Tafel II., die den Zeitraum von Mose bis Samuel bezw. Saul umfasst, steht hinter den Scholien zu den Büchern Samuelis. Tafel III. stellt die Königszeit bis zur Zerstörung des ersten Tempels dar und schliesst sich an die Scholien zu den Büchern der Könige an. Tafel IV. über die Zeit von Nebucadnezar bis Vespasian, zugleich, wie schon erwähnt, eine Erläuterung der 70 Jahrwochen, schliesst mit dem Buche Daniel die Scholien zum Alten Testament im Horreum ab. Die Vereinigung und Würdigung dieser vier Tafeln ist der Zweck der folgenden Abhandlung. Obgleich ich die deutsche Übersetzung beigegeben habe, glaubte ich dennoch vor diese und den syrischen Text die Tabulae des Assemani stellen zu müssen, einerseits um an wichtigen Stellen den Vergleich zu erleichtern, anderseits deshalb, weil jene Version in gewisser Beziehung den

[15]) Syrische Grammatik mit Litteratur, Chrestomathie und Glossar von Dr. Eberhard Nestle, zweite vermehrte und verbesserte Auflage der Brevis Linguae Syriacae Grammatica. Berlin. H. Reuthers Verlagsbuchhandlung 1888.

[16]) a. a. O. Seite 3.

Wert einer Handschrift hat. Zahlreiche Anmerkungen sollen das Sachliche erläutern und die innere Controlle der Angaben in den chronologischen Schriften des Gregorius bilden. Hierbei habe ich für das Chronicon Syriacum [CHS] die gebräuchliche Paginierung nach der Leipziger Ausgabe von Bruns und Kirsch für das Citat [CHSL] nur selten beibehalten, jede Angabe der Pariser Ausgabe [CHSP] aber genau vermerkt. In den Anmerkungen finden sich ferner Hinweise auf ähnliche oder abweichende Berichte der Alexandriner und Byzantiner. Unter den orientalischen Litteraturcitaten sei besonders hingewiesen auf den in der Sachau'schen Sammlung befindlichen Cod. Ms. 137, in welchem ich eine Chronologie von Adam bis Christus gefunden habe. Ich habe nicht umhin können, auch diesen in mancher Beziehung interessanten Text in den Rahmen dieser Abhandlung aufzunehmen. Sh. den autographirten Anhang. Zum Schluss sei noch bemerkt, dass ich bei der Herausgabe der Zeittafeln des Gregorius alle 4 in Deutschland vorhandenen syrischen Handschriften benutzt habe, welche ich folgendermassen citiere:

1) P.: Cod. Berolinensis Petermann I, 10.
2) G.: Cod. Gottingensis Orientalis 18a.
3) A.: Cod. Berolinensis Sachau 134.
4) B.: Cod. Berolinensis Sachau 326.

Diese vier Handschriften sind in den von Nestle und auch in den oben erwähnten Teilausgaben des Horreum öfters ausführlich beschrieben worden.

C. (Chronicon orientale, fol. 103—119).

Gregorii Abulpharagii Barhebraei Primatis Orientis Tabulae Chronologicae ab Orbe condito usque ad Excidium Hierosolymitanum.

Tabula prima.

Ab Adamo ad Moysen.

	Tabula Patrum ab Adamo ad Moysen et Anni eorum, juxta Versionem septuaginta, qua Graeci caeterique Christiani populi utuntur praeter Syros, quorum Biblia cum Hebraeis concordant.	Summa annorum	Genuit annos natus	Nomina
I.	Juxta Hebraicum Textum, cui Syriaca versio consentit, annos natus 130 genuit Seth. Fortasse ut ostenderent nondum advenisse tempus, quo Christus nasceretur, subtraxere Judaei annos centum ex singulis Patribus scripturas confundentes. Vixitque Adam, postquam genuit Seth, juxta Graecum ann. 700. Juxta Hebraicum vero & Syriacum, ann. 800. Omnes ejus dies juxta Graecum, Hebraicum & Syriacum ann. 930. Annorum autem an Orbe condito initium desumitur a prima die Nisan, quae fuit feria prima: Adam vero creatus est die sexta eiusdem mensis, quae erat feria sexta, eademque die peccavit et eiectus fuit a Paradiso ipse et uxor eius. Cumque inde exiisset genuit duos filios, Cain scilicet & Abel. Insurrexitque Cain adversus Abel et occidit eum. Posthaec genuit Seth.	230	230	Adam primus homo
II	Juxta Hebraicum et Syriacum, annos natus 105. Vixit autem, postquam genuit juxta Graecum quidem ann. 707. Juxta Hebraicum vero & Syriacum, 800. Omnes dies eius juxta Graecum, 905. Ut sapiens Pareton scribit, Seth primus litteras et linguam Hebraicam invenit.	435	205	Seth.

	Tabula Patrum	Summa annorum	Genuit annos natus	Nomina
III.	Juxta Hebraicum et Syriacum, anno aetatis 90. Vixitque postquam genuit, juxta Graec. ann. 717, juxta Hebr. & Syriacum ann. 817. Omnes dies ejus juxta Graec. & Hebraic. 907. Hic propter suam praestantiam Elohim, hoc est divinus appellatus fuit.	625	190	Enos.
IV.	Juxta Hebraic. & Syr. anno aetatis 30. Vixitque postquam genuit, juxta Graec. ann. 740. juxta Hebr. & Syr. 840. Omnes dies ejus juxta Graec. & Hebr. 910.	795	130	Cainan.
V.	Juxta Hebr & Syr. anno aetatis 65. Vixitque postquam genuit, juxta Graec. ann. 730. juxta Hebr. 830. Omnes dies vitae ejus juxta Graec. & Hebr. 895.	960	165	Malaleel.
VI.	Hic Textus Hebraicus cum Graeco concordat. Vixitque postquam genuit, juxta Graec. & Hebr. ann. 800. Omnes dies ejus ann. 962.	1122	162	Jared.
VII.	Juxta Hebr. & Syr. ann. 65. Vixitque postquam genuit, juxta Graec. ann 200. juxta Hebr. & Syr. ann. 300. Omnes dies ejus juxta Graec. & Hebr. 365.	1287	165	Henoch.
VIII.	Item juxta Hebr anno aet. 187. Vixitque postquam genuit juxta Graec. & Hebr. ann. 782. Omnes dies ejus juxta Graec. & Hebr. 969 In quodam exemplari Graeco legitur, Mathusale genuisse anno aetatis 167., sed non recte, alioquin viginti anni ex ejus aetate desiderarentur: patet autem hunc errorem vitio primi scriptoris accidisse.	1474	187	Mathusale
IX.	Juxta Hebr. & Syr. anno aetat 182. Vixitque postquam genuit, juxta Graec. ann. 565. juxta Hebr. & Syr. 595. Omnes dies ejus juxta Graec. 753. juxta Hebr. 777. Ejus tempore descenderunt filii Elohim ad filias Cain & commixtum est semen benedictum cum semine nequam.	1662	188	Lamech.

	Tabula Patrum	Summa annorum	Genuit annos natus	Nomina
X.	Item juxta Hebr. & Syr. ann. aetatis 500. Vixitque postquam genuit, juxta Graec. & Hebr 450, post diluvium annis 350. anno enim aetatis ejus 600. contig't diluvium. Omnes dies ejus juxta Graec. & Hebraic. 950	2162	500	Noe.
XI.	Item juxta Hebr. & Syr. anno aetat. 100. Vixitque postquam genuit, juxta Graec. & Hebr. ann. 500.	2262	100	Sem.
XII.	Juxta Hebr. & Syr. anno aetat. 35. Vixitque postquam genuit Cainan, juxta Graec. annos 330, juxta Hebr. & Syr. postquam genuit Sale, annos 403.	2397	135	Arphaxad.
XIII.	Ita sentiunt Chronologi, nam in exemplari, quod apud Graecos est, dicitur genuisse anno aetatis 130. duntaxat. At vero in scriptura, quam Syri tenent, neque huius Cainan reperitur, sed LucasEvangelista nomen ejus commemorat in Genealogia Christi. Vixit autem, postquam genuit annos 430.	2532	135	Cainan.
XIV.	Juxta Hebr. & Syr. anno aetatis 30. Vixitque postquam genuit, juxta Graec. ann. 430. juxta Hebr. & Syr. ann. 403.	2662	130	Sale.
XV.	Juxta Hebr. & Syr. ann. actat. 34. Vixitque postquam genuit, juxta Graec. & Hebr. 430. Dicuntur Hebraei de ejus nomine appelati fuisse. Sed verius affirmatur ab Abraham, qui Euphratem fluvium pertransiit, Hebraeorum, h. e. transeuntium nomen derivatum fuisse.	2796	134	Heber.
XVI.	Juxta Hebr. anno aetat. 30. Vixitque juxta Hebr. & Graec. annos 209. Ejus tempore divisae sunt linguae, cum congregati essent homines, ut aedificarent turrim, cujus altitudo caelum pertingeret.	2926	130	Phaleg.

	Tabula Patrum	Summa annorum	Genuit annos natus	Nomina
XVII.	Justa Hebr. 32. Vixitque juxta Hebr. & Graec. annos 207. Ejus tempore extitit primus Rex Babylone Nemrod gigas & in Aegypto Ponyphus, quem & vocabant Mesraim de nomine Mesraim eorum parentis coeperuntque homines bellicis instrumentis uti.	3058	132	Reu.
XVIII.	Juxta Hebr. & Syr. anno aetatis 30. Vixitque postquam genuit, juxta Graec. & Gebr. ann. 220. Ab hoc fertur Idololatria initium habuisse, atque adeo nomen vanitatis sortitus est. Ejusdem tempore moneta inventa est, & auri argentique opera fieri coeperunt: item mensurae & pondera invecta sunt.	3188	130	Sarug.
XIX.	Juxta Hebr. 29. Vixitque postquam genuit, juxta Graec. annos 129, juxta Hebr. & Syr. ann. 119. Ejus tempore in Aegyptum invecti libri, & dogmata Chaldaeorum: magia quoque, & divinationes. Item aedificatae sunt Sodoma & Gomorrha.	3267	79	Nachor
XX.	Juxta Hebr. & Syr. anno aetatis 75. Per id tempus Hesron frater Thare bellum movet Chesroni regi Babylonis eumque interfecit desiitque Rex Babylone: regnavitque primus Assyriorum rex Belus, qui multas civitates condidit. Hinc vero deinceps sibi consentiunt in scriptura Graeci, Syri & Hebraei.	3337	70	Thare.
XXI.	Vixit annis 175. Anno autem aetatis ejus 50. aedificata est Hierusalem a Melchisedech. Anno 71. initium belli fuit inter Chodorlahomor cum regibus regionis Sodomorum. Anno 75. praecepit ei Deus, ut exiret de domo patris sui, pepigitque foedus cum eo et cum semine ejus Atque hinc incipiunt anni 430, quibus filii Israel servierunt in Aegypto. Anno 86. duxit Hagar Aegyptiam, genuitque ex ea Ismaelem: & ante biennium obtulit Sacrificium Caprae & turturis. Anno autem 99. circumcidit carnem praeputii sui, & Ismaelis qui annum agebat 13.	3437	100	Abraham.

	Tabula Patrum	Summa annorum	Genuit annos natus	Nomina
XXII.	Vixit annos 180. Anno autem aetatis 16. ductus est a patre, ut immolaretur in monte Amorrhaeorum. Anno vero 37. mortua est Sara ejus mater, cum vixisset annos 127. Anno demum 40. duxit Rebeccam.	3497	60	Isaac.
XXIII.	Vixit annos 147. Anno autem aetatis 84. duxit Liam & anno 91. Rachelem, quae anno post genuit ei Josephum. Hic vero venditus fuit a fratribus anno aetatis 17. descenditque in Aegyptum annos natus 24 & vixit annos 100.	3584	87	Jacob.
XXIV.	Vixit annos 137. Anno autem aetatisejus 44. descendit Jacob cum omni semine suo in Aegyptum, manseruntque in Aegypto universim annis 415.	3629	45.	Levi.
XXV	Vixit annos 133. Natus fuit autem quadriennio postquam in Aegyptum ingressi sunt, etsi in Genesi dicatur, cum Levi ingressus fuisse Caath in Aegyptum.	3692	63	Caath.
XXVI.	Vixit annos 137. Anno aetatis ejus sexto obiit Joseph in Aegypto. Atque exinde fuerunt Israelitae in servitute Aegypti annis 147.	3762	70	Amram.
XXVII.	Anno aetatis 10. litteris excolendus traditur: Joannes autem ex (sic) Jambres Docebant eum sapientiam Aegyptiorum, magiam scilicet & veneficium, ut ostendit Artemonius sapiens. Anno aetatis 40. fugit in Arabiam ad Raguelem Madianitam, cujus filiam Sephoram duxit uxorem. Anno 80. apparuit ei Deus in monte Sinai, eodemque anno eduxit filios Israel ex illa terra. Anno post commisit bellum cum Amalec, mansit autem Moyses in Aegypto annis 40, totidemque in deserto. Generationes itaque Patrum hucusque sunt juxta Graecum quidem 27, juxta Syrum vero 26. Hinc vero deinceps non per generationes, sed per Judices Regesque anni ducentur.	3882	Vixit annis 120	Moyses.

Tabula Secunda.

A Josue filio Nun primo Judice, usque ad Saul primum Regem.

	Tabula Judicum.	Summa annorum	Judicavit annos	Nomina
I.	Anno decimo divisit populo terram promissionis. Per id tempus Trochilus inter Graecos currum primus jungit: & filii Lot ex Chanataeis multos occidunt.	3909	27	Josue filius Nun.
II.	Hoc tempore Curetes & Corybantes in Cnosso fuere, qui pulchram in armis saltationem repperere. Apud Hebraeos vero claruit Phinees Sacerdos.	3918	8	Chusan impius.
III.	Frater Chaleb ex tribu Juda. Ejus tempore fuit Diluvium in Thessalia sub Deucalione. Perhibent autem Graeci, Deucalionem ante Diluvium omnia disposuisse sicut Noe.	3957	40	Othoniel filius Cenez.
IV.	Aedificata est Urbs Corinthus & Tribunal Judicum Athenis constitutum, quod dicitur Areopagus. Hercules & Dionysius clari habentur.	3975	18	Moabitae.
V.	De tribu Beniamin. Hic occidit Eglonem regem Moabitarum. Busiris vicina Nilo loca incolens, transeuntes hospites interficiebat. Linus musicus Thebanus clarus habetur.	4055	80	Ahod filius Gera.
VI.	Ipse est Jabin, & Sisara dux exercitus ejus, habebatque nongentos currus falcatos: antequam autem rerum potiretur Nabin, Samgar filius Anot claruit liberavitque Israel, occiditque ex Philist is sexcentos viros stimulo bovis.	4075	20	Nabin Rex Chanaan.

2

Tabula Judicum.		Summa annorum	Judicavit annos	Nomina
VII.	Debora prophetissa ex tribu Ephraim & Barac ex tribu Nephtali, qui cum decem millibus commisit bellum cum Sisara, & occidit eum. Per id tempus, ut narrant Ethnici, Jupiter Rheae auro corruptae mixtus, ex ea genuit Perseum, qui ob suam levitatem volare dicitur.	4115	40	Debora & Barac
VIII.	Prae multitudine pecorum suorum totam Israelis terram corrumpebant. Ganymedes a diis raptus, ut Jovis pincerna esset. Angelus Domine apparuit Gedeoni, eumque confortavit, ut liberaret filios populi sui.	4122	7	Madianitae.
IX.	Filius Joas ex tribu Manasse, cum eduxisset triginta duo millia militum, ut Madianitas aggrederetur, trecentos ex eis viros elegit Deus, ut per illos salus fieret. Perseus ad Persarum terram abiit, praeciditque caput Gorgonis meretricis, quae propter eximiam pulchritudinem efficiebat, ut qui ipsam intuerentur, lapides viderentur, quemadmodum ostendit Didymus sapiens.	4162	40	Gedeon.
X.	Cum bellum committeret ad Thaas, interfecit illum mulier fragmento molae de moenibus jacto et malum ei retributum fuit, quod septuaginta fratres suos occidisset.	4165	3	Abimelech.
XI.	Anno ejus 21. Tharsus civitas aedificata est, & Dionysius Indos domuit, aedificavitque Nysam urbem ad Indum fluvium.	4188	23	Tho'a filius Phuae.
XII.	Hic habebat triginta Oppida & triginta filios sedentes super triginta pullos asinarum. Cyzicum urbs ad mare condita. Hercules cum Jove patre acre bellum commisit.	4210	22	Jair Galaadites.
XIII.	Anno horum 13. Tyrus Civitas condita. Filios autem Israel vehementer opprimebant, abieruntque Galaaditae et revocarunt Jephte, postquam eum ejecissent.	4228	18	Ammonitae.

	Tabula Judicum.	Summa annorum	Judicavit annos	Nomina
XIV.	Hic pro victoria, quid ex domo sua obvium haberet, cum illuc regrederetur, Deo se immolaturum vovit. Exiit autem in occursum ejus unica filia cui fecit quod dixerat.	4234	6	Jephte Galaadites.
XV.	Ex Bethlehem. Habebat autem triginta filios & triginta filias, quas maritis dedit, & introduxit triginta nurus triginta filiis suis.	4241	7	Abesan, qui & Nahasson.
XVI.	Per id tempus Ilium urbs magna eversa fuit post decem annorum bellum propter Helenam uxorem Menelai regis quam rapuerat Alexander Paris, filius Priami Regis Ilii: quem cum Menelaus occidisset, duxit Helenam & abiit, postquam tres filios illa genuisset, ut scribit Justinus sapiens.	4251	10	Allon ex Zabulon.
XVII.	Hic quadraginta filios habuit ac triginta ex iis nepotes, qui ascendebant supra septuaginta pullos asinarum	4259	8	Aphron, qui & Abdon.
XVIII.	Cum peccassent filii Israel, tradidit eos Dominus in manus Philistaeorum quadraginta annis.	4299	40	Philistei.
XIX.	Occidit ingentem multitudinem Philistaeorum: ac demum per mulierem, quam adamaverat, traditus fuit in manus eorum, qui oculos ejus eruerunt.	4319	20	Samson Nazaraeus
XX.	Hoc tempore unusquisque quod in oculis suis gratum erat, id faciebat. Acciditque factum Michae et furtum idoli, & scissio cadaveris uxoris. Levitae autem habebant potestatem maris.	4331	12	Sine Judicibus.
XXI.	Factus est in Silo, anno aetatis 38 Vixit autem annos 78. Anno vero regiminis ejus 18. natus est Samuel & anno 20. oblatus fuit Domino ab Anna matre.	4371	40	Heli

	Tabula Judicum.	Summa annorum	Judicavit annos	Nomina
XXII.	Factus est pro Heli. cum esset anorum 22 eodemque anno fracta est cervix Heli, & ducta est Arca Domini a Philistaeis: cumque ferre non possent, ut illa apud se maneret, remiserunt eam cum honore, & fuit in domo Aminadab in Gabaa annis 70, usque ad annum decimum David	4391	20	Samuel.
XXIII.	Anno regni sui tertio commisit bellum cum Amalec, & victoriam reportavit. Anno 10. natus est David filius Isai ex Nahas. Anno 23. Saulis unctus fuit David a Samuele, cum esset annorum 13.	4411	20	Saul filius Cis.

Tabula Tertia.

Reges Juda.

	Tabula Regum.	Summa annorum	Regnavit annos	Nomina
I.	Filius Cis de tribu Benjamin, exactis, a morte Heli, viginti annis, postularunt Regem filii Israel deditque eis Regem Samuel. Anno regni sui tertio vicit Amalec. Anno 28. occidit David Goliat. Anno 31. prophetavit Saul cum prophetis. Anno 35. obiit Samuel & post annos 5 mortuus est & Saul in bello cum Philistaeis.	4431	40	Saul.
II.	Mortuo Saul constituerunt filii Juda David regem in Hebron annis 7 qui iterum unctus fuit, regnavitque in Hierusalem super universum Israel. Eius diebus prophetarunt Gad Nathan & Asaph. erat autem summus sacerdos Abiathar.	4471	40	David.

	Tabula Regum.	Summa annorum	Regnavit annos	Nomina
III.	Salomon anno 4. regni sui coepit aedificare templum quod absolvit post annos 7. Erant prophetae Nathan & Ahias, summusque Sacerdos Sadec. Anno 34 aedificavit fanum Chamos & Melchom fugitque Jeroboam filius Nabat ad Sesac.	4511	40	Salomon.
IV.	Anno primo regni sui cum audire noluisset consilium senum, divisum est regnum ejus regnavitque Jeroboam servus ejus in Tharsa super decem tribus. remansitque ei tribus Juda, & Benjamin. Prophetavit autem propheta ille qui venit in Bethel, de Josia filio Ammon ante trecentos annos.	4528	17	Roboam.
V.	Congregavit exercitum & pugnavit cum Jeroboam, vicitque eum. Accepit autem Abia uxores 14. genuitque filios 26. & filias 16.	4531	3	Abia.
VI.	Ejus diebus regnavit super Israel Nadab, deinde Baase, deinde Zamri servus ejus. tum divisus fuit populus, & pars quidem sequebatur Thabni, pars autem Amri. Ascenditque contra eum Zara Chusaeus cum millibus millium Nubiorum, & superatus est.	4572	41	Asa.
VII.	Ejus diebus regnavit super Israel Achab, qui uxorem duxit Jezabel filiam Regis Sidoniorum, aedificavitque Jericho urbem, cui maledixerat Josue filius Nun. & mortuus est. regnavitque Ochozias filius ejus post eum. Prophetae erant Elias & Abdias, praefectus exercitus Achab.	4597	25	Josaphat.
VIII.	Hic duxit Athaliam sororem Achab, occiditque omnes fratres suos; & fluxerunt interiora ejus mortuusque est: Anno ejus secundo Jorum filius Achab, mortuo Ochozia fratre absque filiis regnavit super Israel.	4605	8	Joram.

	Tabula Regum.	Summa annorum	Regnavit annos	Nomina
IX.	Eodem quo regnavit anno unctus est Jehu filius Jamsi ab Elisaeo Rex super Israel, occiditque Joram filium Achab regis Israel, necnon Ochoziam regem Juda	4606	1	Ochozias.
X.	Haec mortuo Ochozia filio, occidit omnes filios Regis praeter Joas filium filii sui, qui ea occisa regnavit in locum ejus.	4613	7	Athalia mater ejus.
XI.	Hic malum retribuit domui Jojadae Sacerdotis, qui ipsum absconderat ab Athalia interfectrice, & regnare fecerat; occidit autem Zachariam filium Jojadae & reliquos ejus filios. Ipsum verum occiderunt servi ejus.	4653	40	Joas.
XII.	Ejus diebus regnavit Joas super Israel, congregatoque exercitu in eum bellum movit, perrupitque murum Hierusalem quadringentis cubitis diripuitque vasa domus Domini, & Regis. Sed & ipsum Amasiam occiderunt servi ejus.	4682	29	Amasias.
XIII.	Hic ausus est ponere incensum, & lepra percussus est: defecitque ab Isaia prophetia quod illum non arguisset, annis 28. Ejus diebus poenitentiam egit Ninive, & occisus est Zacharias filius Barachiae in templo.	4734	52	Ozias.
XIV.	Ejus diebus prophetabant Isaias, Osee, Michaeas & Joel. Homerus quoque poeta clarus habebatur; & Rhodus insula aedificata est.	4750	16	Joatham.
XV.	Coluit idola & corrupit decorem templi. Cumque diripuissent ejus regionem Rasan rex Syriae & Phacee rex Israel venit in adiutorium ejus Teglatphalasar rex Ninives, & occidit Rasan, accepitque magnam auri summam ab Achaz, & reversus est.	4766	16	Achaz.

	Tabula Regum.	Summa annorum	Regnavit annos	Nomina
XVI.	Ascendit contra eum Sennacherib rex Assyriae: cumque audiisset, Tarhac regem Chus in suam regionem venisse, occurrit ei vicitque eum: reversusque castra metatus est apud Hierusalem. Occidit autem Angelus de Assyriis 185 millia: At ille relicta Hierusalem, rediit in regionem suam occideruntque eum filii ejus.	4795	29	Ezechias.
XVII.	Hic Babylonem ductus est, mansitque ibi annis 37. Cumque orasset, rediit ad regnum suum, & idolum, quod quatuor facies habebat, eduxit ex templo. Ejus diebus aedificata est urbs Byzantium, quam post annos 970 instauravit Constantinus fidelis Imperator, deque suo illam nomine appellavit.	4850	55	Manasses.
XVIII.	Juxta Librum Regum, annis 2. Sed juxta Chronologos, annis 12. coluitque idola gentium, occideruntque eum servi ejus.	4862	12	Amon.
XIX.	Combussit Sacerdotes idolorum cum altaribus suis, juxta prophetiam, quae de ipso fuerat; habuit tres filios: Joachaz, quem Pharao claudus vinctum ducit in Aegyptum, ibique mortuus est: Eliacim, qui & Joakim; & Sedeciam, cujus oculos eruit Nabuchodonosor. In fine anni ejus 13. coepit prophetare Hieremias propheta.	4893	31	Josias.
XX.	Hunc Salom vocat Hieremias propheta; cumque eum Pharao claudus vinctum duxisset in Aegyptum, constituit pro eo fratrem ejus Eliacim, qui & Joakim appellatus est.	menses 3	cum annis Joakim anni ejus numerantur.	Joachaz.
XXI.	Anno ejus tertio ascendit Nabuchodonosor in Hierusalem, diripuitque vasa templi, ejusque filios Ananiam, Azariam, & Misaelem, & Danielem filium Jechoniae filii ejus. Anno autem octavo ejusdem iterum ascendit, indixitque tributum Joakimo & reversus est.	4904	11	Joakim.

	Tabula Regum.	Summa annorum	Regnavit annos	Nomina
XXII.	Ipse est Joachin pater Danielis prophetae. Illum autem captivum duxit Nabuchodonosor, cum tertio venisset, & in vincula conjecit eum annis 37, & constituit pro eo Sedeciam patruum ejus.	menses tres	numerantur cum annis Sedeciae.	Jechonias.
XXIII.	Anno ejus nono ascendit quarto Nabuchodonosor, & obsedit eam duobus annis; Cumque expugnasset eam, eruit oculos Sedeciae eo quod violato juramento rebellasset in ipsum.	4815	11	Sedecias.

Tabula quarta.

De Septuaginta Hebdomadibus Danielis prophetae reliquisque Hebraeorum gestis ab eo tempore, quo templum per Nabuchodonosor combustum fuit, usque ad postremum ejus Excidium per Vespasianum.

	Reges gentium, qui Hebraeis dominati sunt.	Summa annorum	Regnarunt annos	Nomina
I.	Postquam Hierosolymam quarto venisset, eamque diripuisset, templumque incendisset, hoc est, anno regni ejus vigesimo primo, idem regnavit alios 24. annos. Venit autem & quinto expugnavitque Tyrum & occidit Hiramum: Aegypto quoque potitus est.	4932	24	Nabuchodonosor.
II.	Eduxit Jechoniam de Carcere, manducavitque cum eo ad ejus mensam.	4940	1	Evilmerodach
III.	Fecit grande convivium & bibit in vasis ministerii Domini: statimque egressa est palma manus, scribens sententiam ejus in pariete eademque nocte occiderunt eum servi ejus.	4942	2	Balthassar ejus frater.

	Reges gentium, qui Hebraeis dominati sunt.	Summa annorum	Regnarunt annos	Nomina
IV.	Anno primo, quo regnavit super Chaldaeos, orabat Daniel, & venit ad eum Gabriel Angelus, dixitque ei de Hebdomadibus. Eodemque tempore missus est Daniel in lacum leonum, nec ullam noxam subiit.	4945	3	Darius Medus.
V.	Initio regni sui eduxit e captivitate quinque myriades, praecepitque, ut aedificarent templum Domino. Ab hoc autem tempore Interpretes numerant septuaginta hebdomadas Danielis: sed minus recte: quoniam centum tredecim anni supersunt usque ad annum quartum Caii, quo templum pollutum est.	4975	30	Cyrus Persa.
VI.	Anno sexto regni sui expugnavit Aegyptum: eoque mortuo regnarunt duo fratres magi, mensibus septem, qui cum annis Darii numerantur.	4983	8	Cambyses ejus filius.
VII.	In fine anni secundi regni ejus impleti sunt septuaginta anni captivitatis, quorum initium ducitur a fine anni undecimi Sedeciae, quo templum combustum fuit. Quod si quis ab initio prophetiae Hieremiae incipiat, hoc est, a fine anni decimi tertii Josiae, implebuntur initio anni primi Cyri, quo misit quinque myriades Judaeorum in Hierusalem, sicut scriptum est in libro verbi dierum, hoc est, Paralipomenon.	5019	36	Darius filius Histaspis Persa.
VIII.	Expugnavit Aegyptum, & Athenas combussit. eoque mortuo regnavit Artabanus menses 6. qui inter annos Artaxersis Longimani numerantur.	5039	20	Assuerus qui & Xerxes.
IX.	Anno regni sui vigesimo incunte misit Esdram scribam, ut aedificaret Hierusalem: item misit Nehemiam pincernam, qui vicos perfecit. Atque hinc si septuaginta hebdomades Danielis numerantur, desinent in annum quartum Caii, quo apparuit signum abominationis desolationis in Templo, nimirum Idolum.	5080	41	Artaxerses Longimanus.

	Reges gentium, qui Hebraeis dominati sunt.	Summa annorum	Regnarunt annos	Nomina
X.	Mortuo Artaxerse, regnavit quidam alius menses 2 & alius menses 7. qui inter hujus Darii annos numerantur. Ejus diebus constituerunt sibi Aegyptii regem, postquam Persis servi serviissent annis 124.	5099	19	Darius Nothus
XI.	Hujus tempore accidit factum Estheris: obiitque Socrates veneno sublatus, & claruit Plato.	5139	40	Artaxerses Mnemon.
XII.	Partem Judaeorum transtulit in Hyrcaniam. Anno autem ejus 12. natus est Alexander, & obiit Plato.	5166	27	Artaxerses Ochus.
XIII.	Hoc tempore Judaeus quidam, nomine Manasses, aedificavit Templum in monte Garizim, simile templo Hierosolymitano.	5170	4	Arses ejus filius.
XIV.	Cum eo commisit bellum Alexander in Cilicia, & occidit eum in Ajas, duxitque binas ejus filias.	7176	6	Darius Arsae.
XV.	Anno aetatis 20. regnavit in Graecia annis 6 postquam autem occidit Darium regem, iterum regnavit annis 6 & mensibus 6 super pleramque Orbis terrarum partem: Obiit autem veneno sublatus Babylone, & sepultus fuit Alexandriae. Aedificavit duodecim Civitates: & statura fuit trium cubitorum.	5182	6	Alexander Philippi.
XVI.	Hierosolymam dolo cepit, multosque Judaeorum transtulit in Aegyptum. Ejus diebus regnavit Seleucus Nicatoris filius in Syria & Babylone: & ab initio regni ejusdem Seleuci incipit Epocha, quae Alexandri dicitur.	5222	40	Ptolemaeus Lagos, seu Lepus.
XVII.	Reduxit captivos Judaeorum ex Aegypto misitque eos in Judaeam. Ejus diebus illi septuaginta duo sacros libros interpretati sunt.	5260	39	Ptolemaeus Philadelphus.
XVIII.	Ejus tempore claruit Simeon Oniae summi Sacerdotis filius, pater Jesu, ejus, qui dicitur Bar-Asira, seu Siracides, qui composuit celebrem librum Sapientiae. Ferunt autem hunc Simeonem in vivis detentum fuisse, donec Christum in ulnas suas tulit.	5286	26	Ptolemaeus Evergetes.

	Reges gentium, qui Hebraeis dominati sunt.	Summa annorum	Regnarunt annos	Nomina
XIX.	Cum hunc Antiochus Magnus vicisset, venit in Judaeam, subiecitque eam, atque inde initium ducunt res Machabaeorum.	5303	17	Ptolemaeus Philopator.
XX.	Subegit nonnullas urbes Syriae, & Judaeae, quas ab illo recuperavit Antiochus Magnus, cum adversus eum processisset eumque superasset.	5326	23	Ptolemaeus Epiphanes.
XXI.	Judaeam cepit, templumque diripuit, & Idolum Jovis in eo constituit. Eleazarus autem scriba, & Samona cum septem filiis martyrium subierunt. Mathatias vero Sacerdos zelo incensus strategos Antiochi ejecit fuitque dux Judas Macabaeus.	5361	35	Ptolemaeus Philometor.
XXII.	Ejus filia est Cleopatra uxor Alexandri qui fuit filius filii Antiochi magni: Cumque eum occidisset Demetrius filius filii Seleuci, una cum ejus uxore regnum quoque cepit.	5390	29	Ptolemaeus Evergetes alter.
XXIII.	Hunc Cleopatra mater regno ejecit. Judaeis autem primus regnavit, postquam regnum eorum exciso Templo defecisset, Aristobulus, Hyrcani filius anno uno	5408	18	Ptolemaeus Soter.
XXIV.	Ejus tempore defecit regnum Syriae, quod initium duxerat a Seleuco Nicatore.	5418	10	Ptolemaeus Alexander.
XXV.	Vigesimo anno postquam a matre ejectus fuisset. Regnavit autem alios annos octo	5426	8	Ptolemaeus Soter iterum.
XXVI	Hujus anno quinto praefuit Judaeis mulier quaedam Judaea nomine Alexandra, quae filium suum Hyrcanum fecit summum Sacerdotem, alterum vero filium Aristobulum constituit Regem. Hunc autem Romani captivum ducentes Antipatrum Herodis patrem Judaeae praefecerunt.	5456	30	Ptolemaeus Dionysios.

	Reges gentium, qui Hebraeis dominati sunt.	Summa annorum	Regnarunt annos	Nomina
XXVII.	Ejus diebus imperium Romae tenuit Cajus Julius, qui primus Caesar appellatus est, quod caeso matris utero eductus fuisset.	5478	22	Ptolemaeus Cleopatra.
XXVIII.	Cleopatram Aegypti reginam adamavit: victisque Aegyptiis, duos ejusdem Cleopatrae filios occidit qui (sic) solet (Sol et) Luna vocabantur: ipsa vero, antequam comprehenderentur (sic) se ipsam interfecit. Ejus diebus natus est Dominus noster anno Graecorum 309.	5521	43	Augustus Caesar.
XXIX.	Initio anni decimi noni ejus imperii, qui erat Graecorum tercentesimus quadragesimus secundus, passus est Dominus noster. In fine autem imperii ejusdem lapidatus est Stephanus, & discipulus factus Paulus.	5544	23	Tiberius Caesar.
XXX.	Constituit idola sua in templo Hierosolymae in fine imperii sui impletumque est signum abominationis desolationis, quam praedixit Daniel propheta, coepitque ira praevalere in Judaeis.	5548	4	Caius Caesar.
XXXI	Protanica uxor eius credidit per Petrum, venitque Hierosolymam, & quaesivit Sanctam Crucem, invenitque eam atque ibi templum extruxit, rediitque. Atque inde vocati sunt discipuli Christiani.	5562	14	Claudius Caesar.
XXXII.	In fine imperii sui amens factus est, occiditque matrem, & amitam suam: Petrum quoque inverso capite cruci affixit & Pauli caput gladio amputavit: & paulo post ipse sibi manus intulit, cum mentis impos esset. Post eum regnarunt tres tyranni mensibus 18, qui ex annis Vespasiani numerantur.	5575	13	Nero Caesar.

	Reges gentium, qui Hebraeis dominati sunt.	Summa annorum	Regnarunt annos	Nomina
XXXV.	Initio anni tertii imperii sui misit Titum filium suum cum exercitu magno contra Hierusalem, eamque arcta obsidione cinxit mensibus 4, ac tandem expugnavit. mortui sunt autem in ea prae fame centum myriades hominum; interfecti sunt vero sex myriades, & in captivitatem ducti decem myriades: & desolata fuit omnino, impletumque est quod dixit Dominus: Venient dies, & circumdabunt te inimici tui & disperdent te et filios tuos in te.	5585	10	Vespasianus Caesar.

Colliguntur

anni ab Adam usque ad hunc annum, quo Hierusalem desolata est post absolutum secundum annum imperii Verpasiani, quinquies mille, quingenti & octoginta quinque.

Finis.

D.

Deutsche Übersetzung der Gregorianischen Tafeln.

I.

Tabellarische Darstellung der Erzväter von Âdām bis Môšê und ihrer Jahre nach der Festsetzung der Siebzig d. i. der Griechen und der übrigen christlichen Völker ausser den Syrern, deren (hl.) Schriften mit denen der ʿEbräer übereinstimmen.

	Namen	Zeugte, alt (Jahre)	Gesamtjahre	
1.	Âdam, der erste Mensch.	230	230	Nach dem Ebräer, mit welchem der Syrer übereinstimmt, zeugte er den Šêt im Alter von 130 Jahren. Aber die Juden haben, vielleicht um zu zeigen, dass bisher der Zeitpunkt für das Erscheinen Christi noch nicht eingetroffen sei, immer 100 Jahre von den einzelnen Patriarchen abgezogen, und so ihre Bücher in Unordnung gebracht. Adam lebte aber, nachdem er den Šêt erzeugt hatte, nach dem Griechen 700 (Jahre) und nach dem Ebräer und Syrer 800. Alle seine Tage sind nach dem Griechen, dem Ebräer und dem Syrer 930 Jahre. Und die Jahre des Weltbeginns fangen mit dem ersten Nisan an, der ein Sonntag war. Adam wurde am sechsten desselben, der ein Freitag war, erschaffen. An demselben Tage sündigte er und wurde samt seinem Weibe aus dem Paradiese verjagt. Und als er herausging, zeugte er zwei Söhne: Ḳaîn und Habêl. Und Ḳaîn stand auf wider Habêl und tötete ihn. Dann zeugte er (Adam) den Šêt.

	Namen	Zeugte, alt (Jahre)	Gesamtjahre	
2.	Šêt	205	435	Nach dem Ebräer und Syrer im Alter von 105 Jahren. Er lebte nach der Zeugung laut dem Griechen 707, nach dem Hebräer und Syrer 800 Jahre. Alle seine Tage sind nach dem Griechen 905 Jahre. Wie der Weise PRITVN (Plato) schreibt, lehrte Šêt zuerst ebräische Schrift und Sprache.
3.	Anôš	190	625	Nach dem Ebräer und Syrer im Alter von 90 Jahren. Er lebte nach der Zeugung gemäss dem Griechen 717, nach dem Ebräer und Syrer 817 Jahre. Alle seine Tage sind nach dem Griechen und Ebräer 907 Jahre. Er wurde wegen seiner Tugend Allôhîm, d. i. Göttlicher genannt.
4.	Ḳainan	170	795	Nach dem Ebräer und Syrer im Alter von 70 Jahren. Er lebte nach der Zeugung gemäss dem Griechen 740, nach dem Ebräer und Syrer 840 Jahre. Alle seine Tage nach dem Griechen und Ebräer sind 910 Jahre.
5.	Mahlala êl	165	960	Nach dem Ebräer und Syrer im Alter von 65 Jahren. Er lebte nach der Zeugung gemäss dem Griechen 730, und dem Ebräer 830 Jahre. Alle Tage seines Lebens sind nach dem Griechen und Ebräer 895 Jahre.
6.	Jard	162	1122	Hier stimmt der Grieche mit dem Ebräer überein. Er lebte nach der Zeugung gemäss dem Griechen und Ebräer 800 Jahre. Alle seine Tage sind 962 Jahre.
7.	Ḥnôẓ	165	1287	Nach dem Ebräer und Syrer im Alter von 65 Jahren. Er lebte nach der Zeugung gemäss dem Griechen 200, gemäss dem Ebräer und Syrer 300 Jahre. Alle seine Tage sind nach dem Griechen und Ebräer 365 Jahre.

	Namen	Zeugte, alt (Jahre)	Gesamtjahre	
8.	Matušlaḥ	187	1474	Auch nach dem Ebräer im Alter von 187 Jahren. Er lebte nach der Zeugung gemäss dem Griechen und Ebräer 782 Jahre. Alle seine Tage sind nach dem Griechen und Ebräer 969 Jahre. Aber in einem Exemplar des Griechen steht, dass er im Alter von 167 Jahren gezeugt habe, doch fälschlich: da sonst 20 von den Jahren seines Lebens fehlten. Offenbar geschah dieser Fehler durch den ersten Abschreiber.
9.	Lamẕ	188	1662	Nach dem Ebräer und Syrer im Alter von 182 Jahren. Er lebte nach der Zeugung gemäss dem Griechen 565, nach dem Ebräer und Syrer 595 Jahre. Alle seine Tage sind nach dem Griechen 753, und nach dem Ebräer 777. Zu seiner Zeit kamen die Söhne des Allôhîm zu den Töchtern des Ḳaîn herab, und der gesegnete Same vermischte sich mit dem frevelhaften.
10.	Nôḥ	500	2162	Auch nach dem Ebräer und Syrer im Alter von 500 Jahren. Er lebte nach der Zeugung gemäss dem Griechen und Ebräer 450 [nach der Flut 350 Jahre], denn in seinem 600. Lebensjahre war die Flut. Alle seine Tage sind nach dem Griechen und Ebräer 950 Jahre.
11.	Śêm	100	2262	Nach dem Ebräer und Syrer im Alter von 100 Jahren. Er lebte nach der Zeugung gemäss dem Griechen und Ebräer 500 Jahre.

	Namen	Zeugte, alt (Jahre)	Gesamtjahre	
12.	Arpaχšar	100	2397	Nach dem Ebräer und Syrer im Alter von 35 Jahren Er lebte gemäss dem Griechen nach Erzeugung des Ḳainan 330, gemäss dem Ebräer und Syrer nach Erzeugung des Šalaḥ 403 Jahre.
13.	Ḳainan	130	2532	Nach der Meinung der Chronographen, darum, weil in dem bei den Griechen üblichen Exemplar er nur 130 Jahre alt ist. In dem von den Syrern festgehaltenen Pentateuch wird nicht einmal der Name dieses Ḳainan (II.) gefunden. Lukas aber, der Evangelist, erwähnt seinen Namen bei der Aufzählung der Geschlechtsliste Christi. Er lebte nach der Zeugung 430 Jahre.
14.	Šalaḥ	130	2262	Nach dem Ebräer und Syrer im Alter von 30 Jahren. Er lebte nach der Zeugung gemäss dem Griechen 430, gemäss dem Ebräer und Syrer 403 Jahre.
15.	'Aβar	134	2796	Nach dem Ebräer und Syrer im Alter von 34 Jahren. Er lebte nach der Zeugung gemäss dem Griechen und Ebräer 430 Jahre. Es wird berichtet, dass die Ebräer nach seinem Namen benannt worden sind. In Wahrheit aber erhielten sie den Namen 'Eβrajê von Aβraham, welcher den Euphratstrom überschritt ('eβar).
16.	Palaγ	130	2926	Nach dem Ebräer im Alter von 30 Jahren. Er lebte nach dem Griechen und Ebräer 209 Jahre. In seiner Zeit wurden die Sprachen getheilt, als die Menschen sich vereinigten, um einen mit seiner Spitze den Himmel erreichenden Turm zu bauen.

	Namen	Zeugte. alt (Jahre)	Gesamt-Jahre	
17.	Ar'ô	132	3058	Nach dem Ebräer im Alter von 32 Jahren. Er lebte nach dem Griechen und Ebräer 207 Jahre. In seiner Zeit trat als erster König in Babel **Namrôd** der Gewaltige, und in Aegypten PVNVFOS, den sie auch nach ihrem Stammvater Meṣraim nannten. — Und es begannen die Menschen mit Kriegsgerät zu kämpfen.
18.	Srôγ	130	3188	Nach dem Ebräer und Syrer im Alter von 30 Jahren. Er lebte nach der Zeugung gemäss dem Griechen und Ebräer 200 Jahre. Es wird berichtet, dass die Verehrung der Dämonen von ihm ihren Anfang nahm; und deshalb erhielt er den Namen der Eitelkeit (Nichtigkeit). In seiner Zeit wurden Münze und Geschmeide aus Gold und Silber erfunden und Maasse und Gewichte festgesetzt.
19.	Naḥôr	79	3267	Nach dem Ebräer im Alter von 29 Jahren. Er lebte nach der Zeugung gemäss dem Griechen 129, nach dem Ebräer und Syrer 119 Jahre. Zu seiner Zeit wurden die Schriften und Lehren der Chaldäer, Giftmischerei und Zeichendeutung, nach Aegypten gebracht, und Sodom und Gomorrha erbaut.
20.	Tarḥ	70	3337	Nach dem Ebräer und Syrer im Alter von 75 Jahren. Zu dieser Zeit kämpfte ḤeSRVN, der Bruder Tarḥ's, mit KSaRVNIS, dem Könige von Babel, und tötete ihn; und es hörte auf (schwand) das Königtum von Babel. Über die Assyrer aber herrschte als erster König **Balus** und erbaute viele Städte. Von da ab und weiter stimmt überein mit einander der Pentateuch der Griechen, Ebräer und Syrer.

	Namen	Zeugte, alt (Jahre)	Gesamtjahre	
21.	Aβraham	100	3437	Er lebte 175 Jahre. In seinem 50. Jahre wurde Jerusalem erbaut von Malkizdêk. In seinem 71. Lebensjahre war der Anfang des Krieges Kadarla'amar's mit den Königen des Gebietes von Sodom. Im 75. Jahre befahl ihm Gott aus dem Hause seines Vaters fortzugehen und schloss mit ihm und seiner Nachkommenschaft einen Bund. Von hier ab werden 430 Jahre gezählt, während welcher die Söhne Israels in Aegypten dienstbar waren. In seinem 86. Jahre nahm er die Aegypterin Hagar und erzeugte mit ihr den Išma'êl. Zwei Jahre vorher brachte er das Opfer der Ziege und Turteltaube dar. In seinem 99. Jahre beschnitt er seine Vorhaut und die des dreizehnjährigen Išma'êl.
22.	Ishak	60	3497	Er lebte 180 Jahre. Im Alter von 16 Jahren führte ihn sein Vater auf dem Berge der Âmôrajê [Emoriter]. In seinem 37. Jahre starb seine Mutter Sara. Sie hatte 127 Jahre gelebt. Im Alter von 40 Jahren heiratete er die Rafka.
23.	Ja'kôβ	87	3584	Er lebte 147 Jahre. Als er 84 Jahre alt war, heiratete er die Leja, und als 91jähriger heiratete er die Rahêl. Nach einem Jahre gebar sie ihm den Josef. Als Siebzehnjähriger wurde er von seinen Brüdern verkauft, stieg im Alter von 24 Jahren nach Aegypten herab und lebte 100 Jahre.
24.	Lêvî	45	3629	Er lebte 137 Jahre. In seinem 44 Jahre stieg Ja'kôβ mit seiner ganzen Nachkommenschaft nach Aegypten herab. Sie lebten in Aegypten genau 215 Jahre.
25.	Kahath	63	3692	Er lebte 133 Jahre. Vier Jahre nach dem Einzug in Aegypten wurde er geboren, wenn auch im Pentateuch geschrieben ist, dass Kahath mit Lêvî in Aegypten einzog.

	Namen	Zeugte, alt (Jahre)	Gesamtjahre	
26.	ʻAmram	70	3762	Er lebte 137 Jahre. In seinem sechsten Jahre starb Josef in Aegypten. Von nun an waren die Söhne Israel 144 Jahre in der Frohnde.
27.	Môšê	lebte 120 Jahre	3882	Als er zehn Jahre alt geworden war, gab man ihn ins Lehrhaus. Ihn unterrichteten **Jannis** und **Jambris** in der Weisheit der Aegypter, in Schlangenbeschwörung und Magik (Giftmischerei), wie uns ARṬMVNIS (**Artapanus**) der Weise mitteilt. Als er 40 Jahre alt war, floh er nach Arabien zu Rʻûêl dem Midjaniten. Und er nahm dessen Tochter Ṣepóra zur Frau In seinem 80. Jahre erschien ihm Gott auf dem Berge Sinai. In demselben Jahre führte er die Söhne Israel aus diesem Lande heraus. Ein Jahr später führte er einen grossen Krieg mit ʻAmalêk. Môšê lebte 40 Jahre in Aegypten, vierzig Jahre in Médian, und vierzig Jahre in der Wüste. Bis hierher sind also nach dem Griechen 27, nach dem Syrer 26 Geschlechter oder Reihen der Erzväter. Von da ab und weiter werden die Jahre nicht nach Geschlechtern, sondern nach den Richtern und nachher nach den Königen abgeleitet.

II.

Tabellarische Darstellung der Richter von Ješôʻ bar Nôn, dem ersten Richter, bis zu Šâôl, dem ersten Könige, und ihrer Jahre und der Ereignisse, die zu ihren Zeiten stattfanden.

	Namen	Richtete Jahre	Gesamtjahre	
1.	Ješôʻ bar Nôn	27	3909	In seinem zehnten Jahre verteilte er das gelobte Land unter das Volk. Zu derselben Zeit bespannte TRÔLICHÔS den ersten Wagen bei den Griechen. Auch vernichteten die Söhne Lots viele von den Kanaanäern.

	Namen	Richtete Jahre	Gesamtjahre	
2.	Kûšan der Frevler	8	3917	Zu dieser Zeit lebten ḲVRIṬÔS (**Curetes**) und ḲVRBNṬÔS (**Corybantes**) in ḲENSÔN. Diese erfanden einen schönen Waffentanz. Bei den Ebräern wurde **Pinḥes** der Priester berühmt.
3.	ʿAthnaêl bar Kanaz	40	3957	Er ist der Bruder Kalebs aus dem Stamme Juda. Zu seiner Zeit war die Flut in **Thessalien** in den Tagen des **Deuḳalion.** Die Griechen erzählen, dass Deukalion vor der Flut alles wie Nôḥ für sich hergerichtet hat.
4.	Die Moabiter	18	3975	Die Stadt **Korinthos** wurde erbaut und in Athen ein Gerichtshof, genannt ARÎOS PÂGOS (**Areopag**), eingerichtet. HERAKLÊS und DÎONNÛSÎÔS (**Dionysos**) wurden berühmt.
5	Âhôr bar Gâra	80	4055	aus dem Stamme Benjamin; er tötete den König Eglon von Moab. Und ḲVLÔFÔS wohnte in den Gegenden am Nil und tötete die des Weges ziehenden Fremden. LINIÔS (**Linus**) und MÔSÎÔS (**Musaeus**) der Thebaner wurden berühmt.
6.	Naβin, König von Kanaan	20	4075	d. i. der Trockene. Sein Heeroberster war Sisra, und er hatte 90 eiserne Wagen. Und bevor er zur Herrschaft kam, war Šamgar bar Enath siegreich befreite Israel, und vernichtete 600 philistäische Männer mit einem Ochsenstachel.
7.	Dβôra und Baraḳ	40	4115	Die Prophetin Dβôra war aus dem Stamme Ephraim, und Baraḳ war aus dem Stamme Naphtali. Mit Zehntausenden kämpften sie gegen Sisra und vernichteten ihn. Die Heiden sagen, dass zu dieser Zeit Zeus sich zur RHAA gesellte, nachdem er sie durch goldenes Geschmeide bethört hatte. Und sie gebar den PRISÔS (**Perseus**), welcher wegen seiner überaus grossen Leichtigkeit flog.

	Namen	Richtete Jahre	Gesamtjahre	
8.	Midianiter	7	4122	Wegen der Menge ihrer Heerden verheerten sie das ganze Land Israel. Und GVMIDIS **(Ganymed)** wurde von den Göttern geraubt, um der Schenke des Zeus zu werden. Dem Ged'ôn erschien ein Engel und ermunterte ihn zur Errettung der Söhne seines Volkes.
9.	Ged'ôn	40	4172	Sohn des Jôāš aus dem Stamme Manasse. Obgleich im Volke 32000 gewaffnet waren, damit er gegen die Midianiter ziehe, gefiel es doch Gott, dass er durch 300 Männer Befreier wurde. Prisôs ging zu den Persern und schnitt der Buhlerin GVRGVR **(Gorgo)** das Haupt ab, welche durch ihre überaus grosse Schönheit bewirkte, dass diejenigen, welche auf sie blickten, für versteinert gehalten wurden, wie der weise DÎDÎMÔS (**Didymus)** berichtet.
10.	Aβîmalk	3	4165	Als er gegen Tabaṣ kämpfte, warf eine Frau das Bruchstück des Laufsteins einer Mühle von dem Burgwall und tötete ihn. Heimgezahlt wurde ihm das Böse, dass er seine 70 Brüder getötet hatte.
11.	Tôla' bar Pôa	23	4188	In seinem 21. Jahre wurde die Stadt **Tharsus** gebaut. **Dionnûsios** unterwarf die Inder und baute die Stadt NÔSA **(Nyssa)** am Indusfluss.
12.	Jaïr der Gileadite	22	4210	Dieser hatte 30 Städte und 30 Söhne. Sie ritten auf 30 Eselsfüllen. ḲUZIḲOS (**Cyzicus**) wurde am Meere erbaut. **Heracles** hatte einen grossen Kampf mit seinem Vater **Zeus.**
13.	Die Ammoniter	18	4228	In ihrem 13. Jahre wurde ṢÔR **(Tyrus)** erbaut. Sie bedrängten Israel sehr; die Gileaditen aber gingen und holten den Naftaḥ, nachdem sie ihn vertrieben hatten.
14.	Naftaḥ der Gileadite	6	4234	Er gelobte für seinen Sieg alles, was ihm bei der Rückkehr zuerst von seinem Hause begegnen würde, als Opfer für Gott. Es kam aber seine einzige Tochter heraus und er that ihr, was er gesagt hatte.

	Namen	Richtete Jahre	Gesamtjahre	
15.	Ab̂ṣan, der auch Naḥšôn heisst	7	4241	Aus Betlehem. Er hatte 30 Söhne und 30 Töchter. Die 30 Töchter stattete er aus und für seine 30 Söhne führte er 30 Bräute ins Haus.
16.	Alôn aus Zebulon	10	4251	Zu dieser Zeit wurde die grosse Stadt HELÎÔN (**Ilion**) vernichtet, im zehnten Jahre, nachdem gegen dieselbe wegen HELNÎ (**Helena**), der Frau des Königs MILAOS (**Menelaus**), Krieg entstanden war. Dieselbe hatte **Alexandros Paris**, Sohn des PRISMOS (**Priamus**), des Königs von Heliôn, geraubt. Als ihn Milâôs tötete, nahm er die Helni und ging, nachdem sie 3 Söhne gehabt hatte; so schreibt der weise DISTOS (**Dictys**).
17.	Afrôn, der auch Azrôn heisst	8	4259	Dieser hatte 40 Söhne und 30 Enkel. Sie ritten auf 70 Eselsfüllen.
18.	Die Philister	40	4299	Als die Israeliten sündigten, lieferte sie der Herr 40 Jahre in die Hand der Philister.
19.	Šemšôn der Naziräer	20	4319	Er vernichtete viel Volk von den Philistern. Durch eine Frau, welche er liebte, wurde er in die Hand derselben geliefert, und sie blendeten seine Augen.
20.	Ohne Richter	12	4331	Zu dieser Zeit that jedermann, was in seinen Augen gefiel. Es geschah die That Michas und der Raub seines Bildes und die Zerstückelung der Frau seines Priesters. Die Leviten aber hatten die Volksführung.
21.	'Êli	40	4371	Im Alter von 38 Jahren trat er in Šilô auf. Er lebte 78 Jahre. Im 18. Jahre seiner Führerschaft wurde Šmûêl geboren und im 20. Jahre von seiner Mutter Ḥana als Gelübde dargebracht.

	Namen	Einsamtjahre	Gesamtjahre	
22.	Šmûêl	20	4391	Im Alter von 20 Jahren trat er an die Stelle 'Elî's, der in demselben Jahre sein Genick brach. Die Lade des Herrn wurde in das Land der Philister gebracht. Da aber diese es nicht ertragen konnten, dass sie bei ihnen sei, ehrten sie sie und schickten sie fort. Sie war im Hause des Amînadaꞵ in Geꞵ'atha 70 Jahre bis zum 10. Jahre Davîds.
23.	Šaôl bar Kiš	20	4411	Im 3. Jahre seiner Königsherrschaft führte er mit Emalêḳ Krieg und war Sieger. In seinem 10. Jahre wurde David bar Išai von Na Ḥa Š geboren. Im 23. Jahre des Šaôl wurde Dāvid im Alter von 13 Jahren von Šmûêl gesalbt.

III.

Tabellarische Darstellung der Ereignisse, welche in den Tagen der Könige von Juda stattfanden, und ihrer Jahre.

Zahl	Namen	Einfache Jahre	Gesamtjahre	
I.	Šaôl	46	4431	Sohn des Ḳiš aus dem Stamme Benjamin. 20 Jahre nach dem Tode 'Elî's verlangten die Söhne Israel einen König, und Smûêl setzte ihn ein. In seinem dritten Jahre besiegte er Emalêḳ. Im 28. Jahre tötete David den Gûljad. Im 31. Jahre prophezeite Saôl mit den Propheten. Im 35. Jahre starb Smûêl, und 5 Jahre darauf starb auch Saôl im Kriege gegen die Philister.
II.	Dāvid	40	4471	Als Saôl gestorben war, stellten die Söhne Jhuda 7 Jahre den David in Ḥeꞵrôn auf, und er wurde von neuem gesalbt und regierte in Jerusalem über ganz Israel. In seinen Tagen prophezeiten Gad, Nathan und Asaf, und Hoherpriester war Aꞵiathar.

Zahl	Namen	Einfache Jahre	Gesamtjahre	
III.	Šlêmôn	40	4511	Šlêmôn begann den Tempel im vierten Jahre seiner Regierung zu bauen und vollendete ihn in 7 Jahren. Propheten waren Nathan und Aḥia und Hoherpriester Ṣadoḳ. Im 34. Jahre erbaute er dem Kâmôš und dem Malkôm einen Altar, Jôraβ'am bar Nebaṭ floh zu Sišaḳ.
IV.	Rḥeβ'am	17	4528	Im ersten Jahre seiner Regierung wurde das Königreich geteilt, da er nicht auf den Rat der Greise hörte. Jôraβ'am, der Diener seines Vaters Šlêmôn, wurde in Ṭarṣa über zehn Stämme König. Jenem blieb nur der Stamm Jehuda und Benjamin. Es prophezeite der Prophet, der nach Bêtêl kam, 300 Jahre vorher über Jôšia bar Amôn.
V.	Aβia	3	4531	Er sammelte ein Herr und führte mit Jôrab'am Krieg und besiegte ihn. Aβia nahm 14 Frauen und zeugte 26 Söhne und 16 Töchter.
VI.	Asa	41	4572	In seinen Tagen regierte über Israel Nadaβ, Sohn des Jôraβ'am, dann Ba'ša, dann Ala, Sohn des Ba'ša, dann sein Diener Zamri. Alsdann sonderte sich das Volk, ein Teil für Taβni und ein Teil für 'Amrî. — Gegen ihn wiederum zog Zarḥ der Kušite mit tausendmaltausend Nubiern, aber er wurde besiegt.
VII.	Iôšafaṭ	25	4597	In seinen Tagen regierte Aḥaβ über Israel. Aḥaβ nahm die Izbel, die Tochter des Königs der Ṣidonier, zur Frau. Er erbaute Iriḥô, den Ort des Fluchs von Ješô bar Nôn. Nach seinem Tode kam sein Sohn 'Eḥazja als sein Nachfolger zur Regierung. Propheten waren 'Eliâ und 'Ôbadja, der Heeroberste des Aḥaβ.

Zahl	Namen	Einfache Jahre	Gesamtjahre	
VIII.	Jôrām	8	4605	Dieser nahm die Etalja, die Schwester Aḥaẞs, zur Frau und tötete alle seine Brüder. Es flossen seine Eingeweide, und er starb. In seinem 2. Jahre kam auch ein Jôram, der Sohn Aḥaẞs, als sein Bruder 'Eḥazja ohne Söhne gestorben war, zur Herrschaft über Israel.
IX.	'Eḥazja	1	4606	In seinem Regierungsjahre wurde Jahû bar Jamši zum Könige über Israel von 'Ělišâ gesalbt. Er tötete den Jôram, Sohn des Aḥaẞ, den König von Israel und auch den 'Eḥazja, den König von Jhuda.
X.	Etalja, seine Mutter	7	4613	Nachdem ihr Sohn 'Eḥazja gestorben war, tötete diese alle Söhne aus königlichem Geschlecht, ausser ihrem Enkel Jôaš. Dieser regierte, als sie getötet worden war, an ihrer Stelle.
XI.	Jôaš	40	4653	Dieser vergalt mit Bösem dem Hause des Priesters Jôjada', der ihn vor der Mörderin Etalja verborgen und zum Könige gemacht hatte. Er tötete nämlich den (Zkarja) Zecharja, den Sohn des Jôjada' und dessen übrige Söhne. Aber auch ihn selbst töteten seine Diener.
XII.	Amôṣia	29	4682	In seinen Tagen regierte Jôaš über Israel. Derselbe sammelte ein Heer und zog gegen ihn; er brach von der Mauer von Jerusalem 400 Ellen ab und plünderte die Geräte aus dem Hause des Herrn und dem Königspalaste. Aber auch ihn, den Amôṣia töteten seine Diener.
XIII.	Ôzía	52	4734	Als dieser es wagte, Räucherwerk darzubringen, wurde er vom Aussatz befallen. Dem Ěša'ja wurde die Prophetie für 28 Jahre entzogen, weil er ihn nicht verwarnt hatte. — In seinen Tagen that Nînvê Busse und Zecharja, der Sohn Brachjas, wurde im Tempel getötet.

Zahl	Namen	Einfache Jahre	Gesamtjahre	
XIV.	Jôtham	16	4750	In seinen Tagen prophezeiten Ěsa'ja und Hôša', Micha und Jôël. Der Dichter OMÎROS (**Homer**) wurde berühmt, und die Insel RÔDÔS (**Rhodus**) wurde bebaut.
XV.	Aḥaz	16	4766	Er verehrte die Götzen und vernichtete die Zierraten des Tempels. Als Rașan von Syrien und Pḳaḥ von Israel sein Gebiet verwüsteten, kam ihm Taglathpalsar der König von Ninvê zu Hilfe, tötete den Rașan, und kehrte heim, nachdem er von Ahaz viel Geld erhalten hatte.
XVI.	Ḥêzaḳja	29	4795	Gegen ihn zog Sanḥêriβ, König von Assyrien. Als er aber hörte, das Tarhak, der König von Kûš, in sein Gebiet eingedrungen sei, ging er fort und besiegte ihn. Dann belagerte er Jerusalem von neuem. Aber ein Engel tötete 185000 von den Assyrern. Da ging er fort in sein Land, und seine Söhne töteten ihn.
XVII.	Mnaše	55	4850	Er wurde gefangen nach Babel geführt und lebte dort 37 Jahre. Er betete aber und kam wieder zu seiner Herrschaft. Das Bild mit den vier Gesichtern entfernte er aus dem Tempel. Zu seiner Zeit wurde BÛZANTÎA (**Byzanz**) erbaut. Nach 970 Jahren aber erneuerte es der gläubige König ḲÛSṬANṬINOS (**Constantin**) und nannte es nach seinem Namen.
VXIII.	Amôn	12	4862	Nach dem Buche der Könige regierte er 2 Jahre. Nach den Chronologen 12. — Er betete zu den Göttern der Völker ihn töteten seine Diener.
XIX.	Jôšia	11	4893	Er verbrannte die Götzenpriester auf ihren Altären gemäss der über ihn ergangenen Prophezeihung. Er hatte 3 Söhne: Jahûaḥaz, den Per'ôn Ḥgira gefesselt nach Aegypten führte, und der dort starb; 'Ěljaḳim, der Jôjaḳim genannt wurde und Ṣdaḳja, dessen Augen Naβûchadnașar blendete. Am Ende seines 13. Jahres begann der Prophet 'Ěramja zu prophezeien.

Zahl	Namen	Einfache Jahre	Gesamt-Jahre	
XX.	Jahûahaz	3 Monate, sie werden mitgerechnet mit den Jahren des Jôjakim		Diesen nennt der Prophet 'Eramja Salôm. Als ihn Per'ôn Hgira gefesselt nach Egypten führte, setzte er seinen Bruder 'Eljakim, genannt Jôjakim, für ihn ein
XXI.	Jôjakim	11	4904	In seinem dritten Jahre zog Naβuchadnaṣar gegen Jerusalem und führte die Tempelgeräte und seine Söhne Ḥananja, 'Azarja und Mîšaêl und den Danîêl, den Sohn seines Sohnes Jôchanja, mit sich fort. In seinem 8. Jahre kam er zum zweiten Male, legte dem Jôjakim einen Tribut auf und kehrte heim.
XXII.	Jôchanjā	3 Monate, sie werden mitgerechnet mit den Jahren des Sdakja.		d. i. Jôjachin, der Vater Daniels. Ihn führte Naβuchadnaṣar bei seinem dritten Zuge fort, hielt ihn 37 Jahre gefangen und setzte für ihn seinen Onkel Ṣdakja ein.
XXIII.	Ṣdakja	11	4915	In seinem 9. Jahre zog Naβuchadnaṣar zum vierten Male gegen Jerusalem, belagerte es zwei Jahre und nahm es ein. Er blendete die Augen Ṣdakja's, weil er seine Schwüre verletzt und sich gegen ihn empört hatte.

IV.*)

Tabellarische Darstellung der siebzig im Propheten Daniel besprochenen Jahrwochen und der übrigen Begebenheiten bei den Ebräern, von dem Zeitpunkte der Verbrennung des Tempels, die durch Nāβûchadnāṣar geschah, bis zur Vollendung der Geschicke durch Espîsîanôs (Vespasian).

	Die Könige der Völker, die über die Ebräer herrschten	Einfache Jahre	Gesamt-Jahre	
1	Naβûchadnāṣar	24	6939	Nachdem er Jerusalem bei seinem vierten Zuge gegen dasselbe erobert und den Tempel verbrannt hatte, nämlich in seinem 21. Regierungsjahre, regierte er noch andere 24 Jahre. Er zog zum fünften Male zu Felde, nahm Tyrus ein, tötete den Ḥiram und wurde Herrscher über Egypten.

*) Vgl. Freimann a. a. O.

	Die Könige der Völker, die über die Ebräer herrschten	Einfache Jahre	Gesamtjahre	
1.	Ěvalmrôdach	1	4940	Er holte den Jôchanja aus dem Gefängniss. Er speiste mit ihm an seiner Tafel.
2.	Bêltšasar, sein Bruder	2	4942	Er veranstaltete ein grosses Gastmahl und trank aus den Tempelgeräten des Herrn. Auf einmal erschien eine Hand, welche sein Urteil an die Wand schrieb. In derselben Nacht töteten ihn seine Diener.
3.	Darjavaš der Meder	3	4945	Im ersten Jahre seiner Regierung über die Chaldäer betete Daniel; und zu ihm kam der Engel Gaβraêl und sprach zu ihm über die Jahrwochen. Zu derselben Zeit wurde Daniel in die Löwengrube geworfen, aber er blieb unversehrt.
4.	Kûreš der Perser	30	4975	Er schickte 50000 Juden aus der Gefangenschaft herauf und befahl, dass sie den Tempel für den Herrn erbauten. Die Erklärer zählen von diesem Zeitpunkte an die 70 Jahrwochen Daniels; doch auf unrichtige Weise, da bis zum 4. Jahre des Caius, in welchem der Tempel entweiht wurde, 113 Jahre übrig bleiben.
5.	Kômbûses, sein Sohn	8	4983	In seinem sechsten Regierungsjahre unterjochte er Aegypten. Als er gestorben war, herrschten zwei Brüder Magier 7 Monate. Diese werden mit den Jahren des Darjavaš mitgerechnet.
6.	Darjavaš, Sohn des Ěštôsaf, der Perser	36	5019	Am Ende seines zweiten Regierungsjahres hören die 70 Jahre der Gefangenschaft auf, welche mit der Verbrennung des Tempels beginnen, die am Ende von Ṣdakjas 11. Jahre geschah. Wenn man aber vom Beginn der Prophetie 'Ěramja's, nämlich vom Ende des 13. Jahres Jôšia's, anfängt, sind sie beim Anfange des ersten Jahres des Kûreš erfüllt, indem er 50000 Juden nach Jerusalem schickte, wie es im Buche Dberjamên geschrieben ist.

	Die Könige der Völker, die über die Ebräer herrschten	Einfache Jahre	Gesamt-Jahre	
8.	Ahširaš, d. i. Xerxes	20	5039	Er unterjochte Aegypten und brannte Athen nieder. Nach seinem Tode regierte Artaßan 6 Monate. Diese werden mit den Jahren des Artahšašt arîch îdâ (des Langhändigen) mitgerechnet.
9.	Artahšašt arîch îdâ	41	5080	Am Anfange seines 20. Regierungsjahres schickte er den Schreiber Ezra, um Jerusalem zu erbauen. Dann schickte er den Schenken Nahmîja und derselbe vollendete die Strassen. Wenn von diesem Zeitpunkte an die 70 Jahrwochen des Daniêl gerechnet werden, so hören sie am Ende des 4. Jahres des Caius auf, in welchem das Zeichen des Greuels der Verwüstung im Tempel, nämlich das Götzenbild, gesehen wurde.
10.	Darjavaš Jôthôs	19	5099	Nach dem Tode des Artahšašt regierte ein anderer 2 Monate, wieder ein anderer 7 Jahre. Diese werden zu den Jahren dieses Darjavaš' gerechnet. In seinen Tagen richteten sich die Aegypter einen König ein, nachdem sie den Persern 124 Jahre botmässig gewesen waren.
11.	Artahšašt der Führer	40	5139	Zu seiner Zeit geschah die Begebenheit 'Êstêrs. **Sokrates** starb an Gift und **Platôn** wurde gepriesen.
12.	Artahšašt Ochôs	27	5166	Er verbannte einen Theil der Juden nach Arkania (Hyrcania); und in seinem 12. Regierungsjahre wurde Alexandrôs geboren, und **Platôn** starb.
13.	Parsís sein Sohn	4	5170	Zu dieser Zeit baute ein jüdischer Mann, mit Namen Mnašê, auf dem Berge Garîzim einen Tempel, welcher dem in der Stadt Jerusalem glich.
14.	Darjavaš Sohn des Arîoch	6	5176	Mit ihm führte Alexandrôs in Kilikien Krieg und tötete ihn in **Ajâs** (**Issus**) und heiratete seine beiden Töchter.

	Die Könige der Völker, die über die Ebräer herrschten	Einfache Jahre	Gesamtjahre	
15.	Alexandrôs Sohn des Pillîpôs	6	5182	Als Zwanzigjähriger begann er in Griechenland 6 Jahre zu herrschen. Und nachdem er den Darjavaš getötet hatte, regierte er wiederum 6 Jahre und 6 Monate über den grössten Teil der bewohnten Welt. Er starb in Babel durch Gift und wurde in Alexandrien begraben. Er hat 12 Städte gebaut und war 3 Ellen lang.
16.	Pṭôlemêôs Lôgôs d. h. der Hase	40	5222	Er nahm Jerusalem mit List und siedelte viele Juden in Aegypten an. In seinen Tagen regierte Seleuḳos, Sohn des Niḳaṭor über Syrien und Babel. Mit dem Regierungsanfange des Seleuḳos beginnt Aera des Alexander (**Aera Seleucidarum**).
17.	Pṭôlemêos Piladalfos	38	5260	Er liess die jüdischen Kriegsgefangenen aus Aegypten fortziehen und schickte sie nach Judaea. In seinen Tagen übersetzten die Zweiundziebzig die heiligen Schriften (LXX).
18.	Pṭôlemêos Urgaṭîs	26	5286	Zu seiner Zeit trat Sem'on, Sohn des Hohenpriesters Ḥônia, auf, der Vater jenes Ješô' mit dem Beinamen Bar-Sîra, welcher jenes berühmte Weisheitsbuch verfasste. Man erzählt, dieser Sem'ôn sei derjenige, welcher am Leben erhalten wurde, bis er den Mešiaḥ auf den Armen trug.
19.	Pṭôlemêos Pilôpaṭôr	17	5303	Als Antiochus der Grosse ihn besiegt hatte, kam er nach Judaea und unterjochte es. Damit begannen die Begebenheiten der Makkabäer.
20.	Pṭôlemêôs Apîfanias	23	5336	Er eroberte einige Städte in Syrien und Judaea. Gegen ihn zog Antiochius der Grosse, besiegte ihn und nahm sie ihm weg.

	Die Könige der Völker, die über die Ebräer herrschten	Einfache Jahre	Gesamtjahre	
21.	Pṭôlemêôs Pîlômîṭôr	35	5361	[Ant.] eroberte Judaea, plünderte den Tempel und stellte darin das Götzenbild des Zeus auf. Ĕlîazar, der Schriftgelehrte, und Samûnî mit ihren 7 Söhnen wurden Blutzeugen. Der Priester Matîta eiferte aber und verjagte die Feldherrn des Antiochus. Oberhaupt wurde Jûda Makbaja.
22.	Pṭôlemêôs Urgaṭîs II.	29	5390	Seine Tochter ist Ḳlĕôpaṭra, die Frau des Alexandros, des Enkels von Antiochus dem Grossen. Als diesen Dêmêṭrios, Enkel des Seleuḳos, getötet hatte, erhielt er mit dessen Reiche auch sein Weib.
23.	Pṭôlemêôs Soṭair	18	5408	Ihn vertrieb seine Mutter Klĕôpaṭra aus dem Reiche. Den Juden erstand als erster König, seit dem ihr Königreich nach der Verbrennung des Tempels aufgelöst worden war, Aristôbûlôs, Sohn des Hurḳanôs
24.	Pṭôlemêôs Alexandros	10	5418	In seinen Tagen wurde das Königreich Syrien aufgelöst, welches mit Seleuḳos Nikator begonnen hatte.
26.	Pṭôlemêôs Sôṭair von neuem	8	5426	20 Jahre, nachdem er von seiner Mutter vertrieben worden war, regierte er ferner 8 Jahre.
27.	Pṭôlemêôs Dîonûsiôs	30	5456	In seinem 5. Regierungsjahre stand an der Spitze der Juden eine jüdische Frau, namens Alexandra. Sie machte ihren Sohn Hurkanôs zum Hohenpriester und ihren zweiten Sohn Aristôbûlôs zum Könige. Diesen nahmen die Römer gefangen und stellten den Anṭîpaṭros, den Vater des Herodês, als Oberhaupt über Judaea.
28.	Pṭôlemêôs Ḳlĕôpaṭra	22	5478	In ihren Tagen herrschte in Rom Gajôs Jûlîôs, der zuerst Kêsar genannt wurde, weil man, als seine Mutter starb, sie aufschnitt und ihn aus ihrem Leibe herausholte.

	Die Könige der Völker, die über die Ebräer herrschten	Einfache Jahre	Gesamtjahre	
29.	Agûstôs Kêsar	43	5521	Er liebte die Kleôpatra, die Königin von Aegypten. Als er die Aegypter besiegte, tötete er ihre Söhne, die den Beinamen „**Sonne und Mond**" hatten. Sie aber tötete sich selbst, bevor er sie heiraten konnte. In seinen Tagen wurde Unser Herr im Jahre 309 der Griechen geboren.
30.	Ṭibarîôs Kêsar	23	5594	Im Anfange seines 19. Regierungsjahres, welches das 342. Jahr der Griechen ist, litt Unser Herr. Am Ende seiner Regierung wurde Esṭefanôs gesteinigt und Paulus Schüler [in der Lehre des Christenthums].
31.	Gajôs Ḳêsar	4	5548	Er liess seine Götzenbilder im Tempel zu Jerusalem aufstellen. Mit dem Ende seiner Regierung war das Zeichen des Greuels der Verwüstung, welches durch den Propheten Daniel verkündet worden, eingetroffen. Und der Zorn wurde gewaltig bei den Juden.
32.	Klaudîôs Ḳêsar	14	5562	Seine Frau **Prôtônikê** wurde gläubig durch Peṭrus. Sie ging nach Jerusalem und forschte nach dem heiligen Kreuze. Sie fand es und errichtete dort einen Tempel; dann kehrte sie wieder zurück. Von nun an wurden die Glaubensschüler Christen genannt.
33.	Nērôn Ḳêsar	13	5575	Am Ende seiner Regierung wurde er wahnsinnig und tötete seine Mutter und seine Tante. Auch den Peṭrus liess er mit dem Gesichte gegen das Holz kreuzigen und dem Paulus mit dem Schwerte den Kopf abschlagen. Kurze Zeit darauf gab er sich in seinem Wahnsinn mit eigenen Händen den Tod. Nach ihm regierten 3 Tyrannen 18 Monate, welche zu den Jahren des Espîsîanos gerechnet werden.

Die Könige der Völker, die über die Ebräer herrschten	Einfache Jahre	Gesamtjahre	
Espîsîanos Ḳêsar	10	5585	Im Anfange seines 3. Jahres schickte er seinen Sohn Ṭîṭôs mit grosser Heeresmacht gegen Jerusalem. Derselbe belagerte es 4 Monate lang auf das hartnäckigste und eroberte es. Es waren aber darin durch Hungersnot 1000000 Menschen gestorben, 60000 getötet worden. 100000 wurden kriegsgefangen. Und die Stadt wurde völlig zerstört. In Erfüllung ging das, was Unser Herr gesagt hat: „Tage werden kommen, da dich deine Feinde umringen werden — dich und deine Kinder in deiner Mitte werden sie vernichten.“

Zusammen kommen von Adam bis zu dem Jahre, da Jerusalem zerstört wurde, nämlich nach Ablauf zweier Regierungsjahre des Espîsîanos, 5585 **(5577)** Jahre.

[illegible]

[P. fol. 52r-54r]

[illegible]

Varianten.

PABG die Handschriften der Ausgabe, T die „Tabulae".

Zeile 7. B: [illegible]

[Syriac text]

[P. fol. 71r–72r]

[Syriac]	[Syriac]	[Syriac]	[Syriac]
[Syriac text]	[Syriac]	[Syriac]	[Syriac]

Varianten.

PABG die Handschriften, T der den „Tabulae“ zugehörige Text.

[Syriac] P [Syriac] GB [Syriac] 14. PA [Syriac] BG [Syriac], oben nach T. 28. PB [Syriac]. 33. A [Syriac] B [Syriac]. 35. PAB [Syriac] GT [Syriac], oben nach Richter XII 10. 38. GAB [Syriac]. 47. A [Syriac] 51. P [Syriac]. 59. GABT [Syriac] 62. G [Syriac] A [Syriac]. 72–75. der ganze Abschnitt von Saul fehlt in A. —

[illegible] [P. Fol. 136v–137r.]

[illegible]	[illegible]	[illegible]	[illegible]	[illegible]
[illegible]	[illegible]	[illegible]	[illegible]	[illegible]

Variante n.

P A B G die Handschriften, T die „Tabulae". —

Statt [illegible] etc. stehen in PABG bis [illegible] Ordinalia, von [illegible] an bis [illegible] in AG Cardinalia mit [illegible] — 2. 8. A [illegible] für [illegible] 18 PG [illegible] A [illegible] 19 A [illegible] 24 G< [illegible] 25 G< [illegible] —

[illegible] [P. fol. 184r–186r]

[illegible]

[illegible]

Varianten:

PABG: die Handschriften, T: die Tabulae F: die Freimannsche Ausgabe.

2. 4: P [illegible] GB [illegible]; 6 A + [illegible]; 8 A [illegible]; 12 A [illegible]; 14 F. [illegible]. G: [illegible] bis, 17 F: [illegible], P [illegible] B [illegible]; 18 B + [illegible] vor [illegible]; 21 GB [illegible] A [illegible]; 27 F: [illegible]; 28 A < [illegible]; 31 F [illegible]; 37 P [illegible]; 42 B [illegible]; in PABG fehlt wie in F das Eingeklammerte original aus T. 45 PABG variieren: [illegible]. G statt [illegible]; A [illegible]; 46 B: [illegible].
47 Q [illegible] B [illegible] F < [illegible] bis; 49 A: [illegible]; 50 A: [illegible] B [illegible]; 52 A [illegible] B [illegible]; 53 P: [illegible]; 55 G: [illegible] bis [illegible];
57 F [illegible] 61 AB [illegible]; G [illegible]; 65 A. [illegible]; 66 B [illegible] GA [illegible]; 70 A statt [illegible] A [illegible] Q [illegible]; 72 A: [illegible]; P [illegible] A < [illegible].
73 PA [illegible]; PG [illegible]. 74 vor dem ersten [illegible] in A + [illegible] G < [illegible] 75 PG: [illegible]. 77 Statt [illegible] Falsch, Richtige B [illegible].

Anhang.

Die Berechnung der LXIII Geschlechter von Adam bis Christus. (Anonym.) aus dem Cod. Ms. Berolinensis Sachau 137, fol 172v ff.

Der Verfasser dieser Zusammenstellung in dem aus dem Ṭur Abdin stammenden Sammelbande ist dem Namen nach nicht zu bestimmen. Es schien von Interesse zu sein, auf diesen Text durch Veröffentlichung aufmerksam zu machen, da hier die Silidien des Ausar raze und eine Reihe von Chronographen citiert werden. Die Abfassung dieser „Berechnung“ beweisst, dass der Verfasser mit chronologischen Werken im allgemeinen, besonders aber mit denen des Gregorius Abulpharagius vertraut gewesen ist. Vielleicht findet sich noch anderwärts eine derartige „Berechnung“, aus deren Angaben manche verloren gegangene chronographische und chronologische Notiz entnommen werden könnte. Die Copirung des Textes soll keineswegs mit einer Edition desselben gleichbedeutend sein, sondern sei nur eine nützliche, weil für den Text der „Tafeln“ ein Corrective bildende Beigabe zum Vorangehenden.

ܗ̈ܐ ܐܝܬܘܗܝ ܗܘ ܕܠܐ ܫܘܪܝܐ ܦܓܪܢܐܝܬ ܒܪܐ ܐܠܗܐ ܐܝܬܘܗܝ
ܦܓܪܐ ܐܢܫܝܐ ܘܠܐ ܒܟܝܢ ܗܘ ܘܟܠܐ ܡܢܬܐ ܕܐܠܗܐ ܐܝܬܘܗܝ
ܡܫܝܚܐ ܘܡܟܬܒܢܐ. ܘܒܬܘܢ ܡܠܟܘܬܗ ܕܐܝܬܘܗܝ ܘܒܐܪܥܐ
ܕܐܢܫܘܬܐ ܘܒܐܠܗܘܬܐ ܕܡܬܝܕܥܐ ܕܒܬܠܬܐ ܒܥܠܡܐ ܕܥܬܝܕ
ܟܠܐ ܐܢܫ ܒܡܕܝܢܬܗ ܘܒܟܠܗ ܐܬܢܒܝܘ ܐܝܟ ܦܘܪܫܢܐ [ܒܡܨ: ܢ [nicht:
ܕܐܝܬܘܗܝ ܡܫܝܚܐ ܐܠܗܐ ܡܫܝܚܐ ܒܬܘܒܢܗ ܗܘ ܒܟܠ ܠܟܠ
ܡܫܝܚܐ ܡܫܝܚ ܐܠܗܐ ܒܥܠܡ ܘܟܠܐ ܡܢܬܐ ܘܒܬܘܒܢܗ ܗܘܐ
ܒܫܡܗ ܕܡܠܟܐ ܡܫܝܚܐ ܘܡܠܟܐ ܘܡܬܦܠܓܗ ܘܡܬܟܠܠܐ. ܒܫܡܗ
ܗܘܐ ܡܫܝܚܐ ܕܟܠ ܡܠܬܐ ܕܬܫܒܘܚܬܐ ܡܢܬܐ ܠܟܠ ܐܠܦܝܢ ܘܠܟܠ
ܡܢ ܒܡ ܡܫܝܚ ܡܢܝ ܠܟܠܐ ܡܥܡ (?) 189r ܐܝܬܘܗܝ
ܡܫܝܚ ܐܠܗܐ ܡܢܬܐ ܒܪܐ ܦܓܪܢܝܬܗ ܗܘ ܕܠܐ ܫܘܪܝܐ ܘܟܠܐ
ܡܢܬܐ ܕܐܠܗܐ ܡܫܝܚܐ ܘܡܫܝܚ ܡܢܝ ܘܒܬܘܒܢܗ ܐܦ ܦܘܪܫܢܐ
ܗܝ ܐܝܬܘܗܝ ܡܫܝܚ ܕܡܠܟܐ ܒܠܗ ܒܫܡܐ ܘܐܬܢܒܝܘ ܗܝ ܒܬܘܒܢܐ
ܒܗ ܡܫܝܚܐ ܕܡܬܦܠܓܗ ܒܬܘܒܢܐ. ܘܒܟܠ ܒܥܠܡ ܐܝܬܝ ܡܫܝܚܐ
ܒܟܠ ܒܫܡ ܕܡܫܝܚ ܒܬܘܒܢ ܗܘ ܕܝܘܡܐ ܗܘܐ ܗܢܐ ܦܘܪܫܢܐ.
ܘܒܟܠ ܡܫܝܚܘܬܐ ܕܡܬܝܕܥܐ ܕܐܝܟ ܕܡܫܝܚܐ ܘܒܬܘܒܢܐ ܗܘ ܒܗ ܡܫܝܚܐ
ܕܦܠܓܘܬܗ ܒܫܡܗ ܒܬܘܒܢ ܡܫܝܚܘܬܐ ܡܫܝܚ ܗܘܐ
ܒܫܡܗ ܕܡܫܝܚ ܡܫܝܚܐ ܘܡܠܟܐ ܘܡܬܦܠܓܗ ܘܡܬܟܠܠܐ.
ܘܡܢ ܐܠܦܐ ܕܡܫܝܚܐ ܟܠ ܡܫܝܚܐ ܕܬܫܒܘܚܬܐ ܠܝ ܙܒܢܐ ܐܝܟ
ܕܐܝܟ ܠܗܘܢ ܗܘܐ ܫܒܥܐ ܐܠܦܝ ܐܠܦܝ ܐܡܪ ܡܫܝܚܐ
ܐܠܦܝܢ ܕܐ ܒܫܢܬܐ ܕܐܝܬܐ ܫܢܝܐ ܟܠ ܒܫܢܬܐ ܕܝܘܡ
ܒܝܘܡܐ ܐܡܪ ܒܫܢܬܐ (Ps. 90, 4.) ܕܐܝܟ ܝܘܡܐ ܕܐܬܡܠܝ ܐܬܡܠܝ
ܕܐܠܦ ܫܢܝܢ ܬܫܒܘܚ ܐܝܟ ܝܘܡܐ ܕܐܬܡܠܝ ܕܥܒܪ. 189v ܡܢ ܗܘܐ
ܦܘܪܫܢܐ ܡܢ ܗܠܝܢ ܦܠܓܐ ܫܒܥܐ ܐܠܦܝ ܘܐܡܪ ܫܠܡ ܦܠܐ
ܫܢܝܢ ܗܘܐ ܐܠܦܐ. Darauf karshunischer Text
ܐܠܦܝܢ ܡܢ ܐܒܝܢܐ ܐܕܡ ܐܠܝ ܡܘܣܝ ܐܠܢܒܝ ܟܠܝܡ ܐܠܠܗ. ܗܕܐ
ܗܘ ܐܠܢܐܡܘܣ ܐܠܛܒܝܥܝ. ܐܠܦܝܢ ܡܢ ܡܘܣܝ ܐܠܢܒܝ ܐܠܝ ܡܓܝ ܝܫܘܥ
ܐܠܡܣܝܚ ܡܟܠܨܢܐ ܝܨܝܪ ܐܠܟܡܐܠ ܒܗ ܦܟܕܐ ܐܦܗܡ. ܗܘ
ܢܐܡܘܣ ܐܠܢܥܡܗ. [ܡُܟَܠِّܨِܢَܐ: ܡܟܠܨܢܐ, ܐܠܟܡܐܠ: ܐܟܡܐܠ .l. für]

أَلْفَيْنَ مِنْ أَبِينَا آدَمَ إِلَى مُوسَى ٱلنَّبِيِّ كَلِيمِ
ٱللَّهِ فَهَذَا هُوَ نَامُوسُ ٱلطَّبِيعِيِّ .

أَلْفَيْنَ مِنْ مُوسَى ٱلنَّبِيِّ إِلَى مَجِيءِ يَسُوعَ ٱلْمَسِيحِ
مُخَلِّصِنَا يَصِيرُ ٱلْكَمَالُ بِهِ فَكَذَا أَفْهَمُ. هُوَ
نَامُوسُ ٱلنِّعْمَةِ .

[illegible]

[illegible]

ܒܝܘ̈ܡܬܗ ܕܠܠܟܣ ܘܗܘܠܝ ܡܢܐ ܕܝܢ ܡܫܬܘܕܥܐ ܒܗܘܢ ܢܫܬܡܥ ܠܗܘܢ
ܠܐܘܣܒܝܣ ܗܘ ܕܗܘܐ ܠܗ ܐܦܝܣܩܘܦܐ ܕܪܗܘܡܐ ܐܬܚܒܫ ܡܢ ܦܠܘܢܝܘܣ
ܘܗܘܐ ܦܘܠܓܐ ܕܢܫܐ ܘܡܚܪܒܐ ܠܥܕܬܐ ܕܪܗܘܡܐ ܫܢ̈ܝܢ ܘܬܠܬ
ܢ̈ܘܡܣܐ ܐܝܟ ܫܠܛܗ ܒ̈ܢܝ ܐܣܛܪܛܝܓܐ ܡܢ 182v ܕܥܕܬܐ ܡܢ
ܡܪܝܐ ܕܢܚܡ ܠܗܘܢ. ܘܩܕܝܫ ܡܫܡܫܢܐ ܠܐܝܠܝܢ ܒܝܕ ܥܒܕ ܡܠܟܐ
ܥܠ ܐܣܛܪܛܝܓܐ ܐܝܟ ܕܟܠܗ ܦܘܩܕܢܐ ܕܡܠܟܐ ܗܘ. ܡܫܡܫܢܐ ܒ̈ܢܝ ܥܕܬܐ
ܡܠܟܘܬܗ ܕܝܘܠܝܢܐ ܡܠܟܐ ܒܝܕ ܠܗܘܢ. ܘܗܘܐ ܝܘܠܝܢܐ ܡܠܟܐ
ܡܢ ܒܬܪ ܕܡܝܬ ܩܣܛܢܛܝܢܘܣ ܐܘܚܕܢ ܫܢ̈ܝܢ ܘܡܢܗ ܒܗܘܪܐ. ܘܗܘܝ
ܫܢ̈ܝܢ ܕܩܕܡܝ ܗܘܘ ܥܠ ܐܣܛܪܛܝܓܐ ܐܝܟ ܕܢܫܬܡܥܘܢ ܠܗܘܢ ܡܢ ܫ̈ܢܝܢ
ܕܗܘܝܢ. ܕܡܢ ܐܝܟܢ ܥܠ ܒ̈ܢܝ ܐܣܛܪܛܝܓܐ ܐܘܚܕܢ ܫܢ̈ܝܢ. ܘܠܗܘܢ ܒܪܗ
ܕܡܢ ܐܝܟܢ ܐܘܚܕܢ ܫܢ̈ܝܢ. ܘܣܒܪܘܗܝ ܒܪܗ ܕܩܣܛܢܛܝܢܘܣ ܐܝܟܢ ܥܠ
ܐܣܛܪܛܝܓܐ ܟܠܗ ܫܢ̈ܝܢ. ܐܝܟ ܐܝܟܢ ܐܘܚܕܢ ܘܚܕܐ ܫܢ̈ܝܢ. ܘܩܘܣܛܢܣ
ܐܝܟܢ ܫܢ̈ܐ ܕܗܘܝܢ ܘܫܒܥ ܫܢ̈ܝܢ. ܘܗܘܐ ܐܝܟܢ ܠܐܪܒܥܐ ܫܢ̈ܝܢ
ܘܗܘܐ ܡܠܟܐ ܕܐ ܗܘܐ ܕܐܘܣܒܝܣ ܘܩܘܣܛܢܛܝܢ 183r ܒܬܪ ܗܟܢܐ
ܕܐܬܩܛܠ ܠܩܣܛܢܛܝܢܘܣ ܒܝܕ ܐܚܐ ܗܘ ܕܡܢ ܠܩܣܛ ܡܪܝܐ ܘܐܬܢܨܚ
ܒܬܪ ܗܠܝܢ ܐܝܟܢܐ. ܐܚܪܢܐ ܐܝܟܢ ܡܠܟܐ ܚܕܐ ܘܩܪܒܐ ܗܘܐ ܠܗ
ܡܠܟܘܬܗ ܕܟܠܗ ܐܚܪܢܐ ܕܝܠܗ ܡܠܟܘܬܐ ܡܫܬܘܕܥܐ ܐܝܟܢ ܡܢ
ܐܘܟܝܢ ܒܝܘܡ ܘܗܘܐ ܐܘܣܝܒܝܘܣ ܡܫܝܚܝܐ ܕܗܘܐ ܡܢ ܒܬܪ ܩܠܝܠ
ܡܠܟܘܬܗ ܕܝܠܗ ܡܠܟܘܬܐ. ܕܗܘܐ ܐܚܪܢܐ ܕܥܠܡܐ ܐܦܝܣܩܘܦܐ ܗܘ ܫܢ̈ܝܢ
ܘܡܠܟ ܫܢ̈ܝܢ ܐܣܛܪܛܝܓܐ. ܗܘܐ ܐܝܟܢ ܐܘܚܕܢ ܫܢ̈ܝܢ ܘܐܝܟܢܐ ܐܝܟܢ
ܕܗܘܝܢ ܘܠܟܐ ܐܝܟܢ ܕܢܚܡ ܒܥܕܬܐ ܕܗܟܢ ܩܠܝܠܐ ܒܝܕ ܚܕ.
ܘܐܝܟܢ ܐܘܣܝܒܝܣ ܒܐܘܪܫܠܡ ܕܗܘܝܢ ܘܠܟܐ ܫܢ̈ܝܢ. ܒܥܘܬܐ ܗܘܐ
ܐܪܝܘܣ ܘܢܦܩ ܒܩܘܫܛܐ ܘܥܒܕܘܗܝ ܠܡܫܝܚܐ ܒܗܘܢ ܒܝܕ ܒܥܒܕܐ.
ܐܝܟܢ ܒܐܘܪܚܐ ܕܐܚܪ̈ܢܐ ܣܓܝ̈ܐܐ ܘܩܕܡ ܫܢ̈ܝܢ. ܘܗܘܐ ܐܝܟܢ ܟܠܗ ܕܥܠܡܐ
ܫܢ̈ܝܢ. ܒܡܠܟܘܬܗ ܕܝܘܠܝܢܐ ܗܘܐ ܐܝܟܢ ܘܩܕܝܫܐ ܘܣܓܝܐܐ 183v ܘܗܘܐ ܐܢܛܝܘܟܝܐ
ܐܝܟ ܐܝܟܢ ܕܢܥܒܕ ܫܢ̈ܝܢ. ܘܡܠܟ ܡܢ ܒܥܠܕܒܒܐ ܫܢ̈ܝܢ ܡܢ ܡܠܟܘܬܗ
ܕܐܝܟ ܗܘܐ ܗܘܝܢ ܒܪ ܐܠܐ ܡܠܟܘܬܐ ܥܠ ܐܣܛܪܛܝܓܐ ܒܝܕ ܒܥܠܕܒܒܐ
ܕܠܘܬ ܕܗܘܝܢ ܢܘܡܘܣܐ ܡܠܟܘܬܐ ܕܒܥܠܕܒܒܐ ܡܫܡܫܢܐ ܕܒ̈ܢܝ ܐܣܛܪܛܝܓܐ
ܘܗܘܐ ܡܠܟܘܬܐ ܕܒ̈ܢܝ ܕܡܢ ܦܘܠܘܣ ܒܝܕ ܐܝܟܢܘܬܗ ܥܠ ܡܠܟܘܬܐ ܕܗܘܘ ܐ
ܘܒܫܢܬܐ. ܚܕܐ ܐܝܟܢ ܒܫܢ̈ܝܢ ܘܐܚܪܢܐ ܫܢ̈ܝܢ ܕܗܘܐ ܕܡܠܟܘܬܐ ܕܡܢܝܢܐ
ܘܐܝܟ ܕܡܠܟܐ ܐܚܪܢܐ ܡܠܟܘܬܐ ܐܝܟܢ ܕܝܠܗ ܘܐܚܪܢܐ ܫܢ̈ܝܢ. ܐܚܪܢܐ ܐܝܟܢ ܒܫܢ̈ܝܢ
ܫܢ̈ܝܢ ܐܝܟ ܕܐܡܪ ܒܪܢܫܐ. ܘܗܘܐ ܒܐܘܪܗܝ ܒܪ ܠܫܢ̈ܝܢ ܫܢ̈ܝܢ ܗܘܐ
ܡܠܟܐ ܘܐܝܟܢ ܠܐܘܚܕܢ ܘܚܕܐ ܘܩܘܡ ܐܚܪ̈ܢܐ. ܘܗܘܐ ܐܝܟܢ ܠܐܚܪܢܐ ܫܢ̈ܝܢ
ܘܐܝܟܢ ܦܪܘܣ ܕܐܝܟܢܐ ܘܡܠܟܗ ܠܐܚܪܢܐ. ܘܗܘܐ ܒܡܠܟܘܬܗ ܠܐܝܟ
ܕܗܘܐ ܗܟܢ ܢܝܩܘܡܕܝܐ [ܢܝܩܘܡܕܝܐ] 184r ܥܠ ܐܘܚܕܢ ܘܡܠܟܐ ܐܝܟܢ
ܗܘܐ ܘܥܠܡܐ ܕܐܝܟܢ ܚܕܐ ܘܡܠܟܐ ܘܡܠܟܘܬܐ ܘܐܝܟܢܐ
ܒܝܘܡ ܕܗܘ ܒܝܘܡܐ ܒܝܘܡ ܢܝܩܘܡܕܝܐ ܒܥܕܬܐ ܘܥܠ ܡܠܟܗ ܕܐܝܟܢܐ
ܢܝܩܘܡܝ ܗܠܝܢ ܫܢ̈ܝܢ ܕܝܢ ܗܘܐ ܕܟܠ ܒܝܘܡܬܗܘܢ. ܘܒܬܪܗ ܠܩܘܫܛ
ܕܒܗ ܕܢܝܩܘܡ ܠܘܬ ܢܝܩܘܡܕܝܐ ܘܐܝܟܢ ܡܠܟܘܬܐ ܥܠ
ܢܝܩܘܡ ܘܗܘܐ ܘܐܝܟܢ ܢܝܩܘܡ ܡܠܟܘܬܗ ܒܫܢܬܐ ܫܢ̈ܝܢ

[illegible] 180ᵛ [illegible]

[illegible] [Eusebius v. Caesarea]

[illegible]

[illegible] [Exodus XII, 40]

[illegible] 181ʳ [illegible]

[illegible] [Gen XV] [illegible]

[illegible] 181ᵛ [illegible]

[illegible] 182ʳ [illegible]

[illegible]

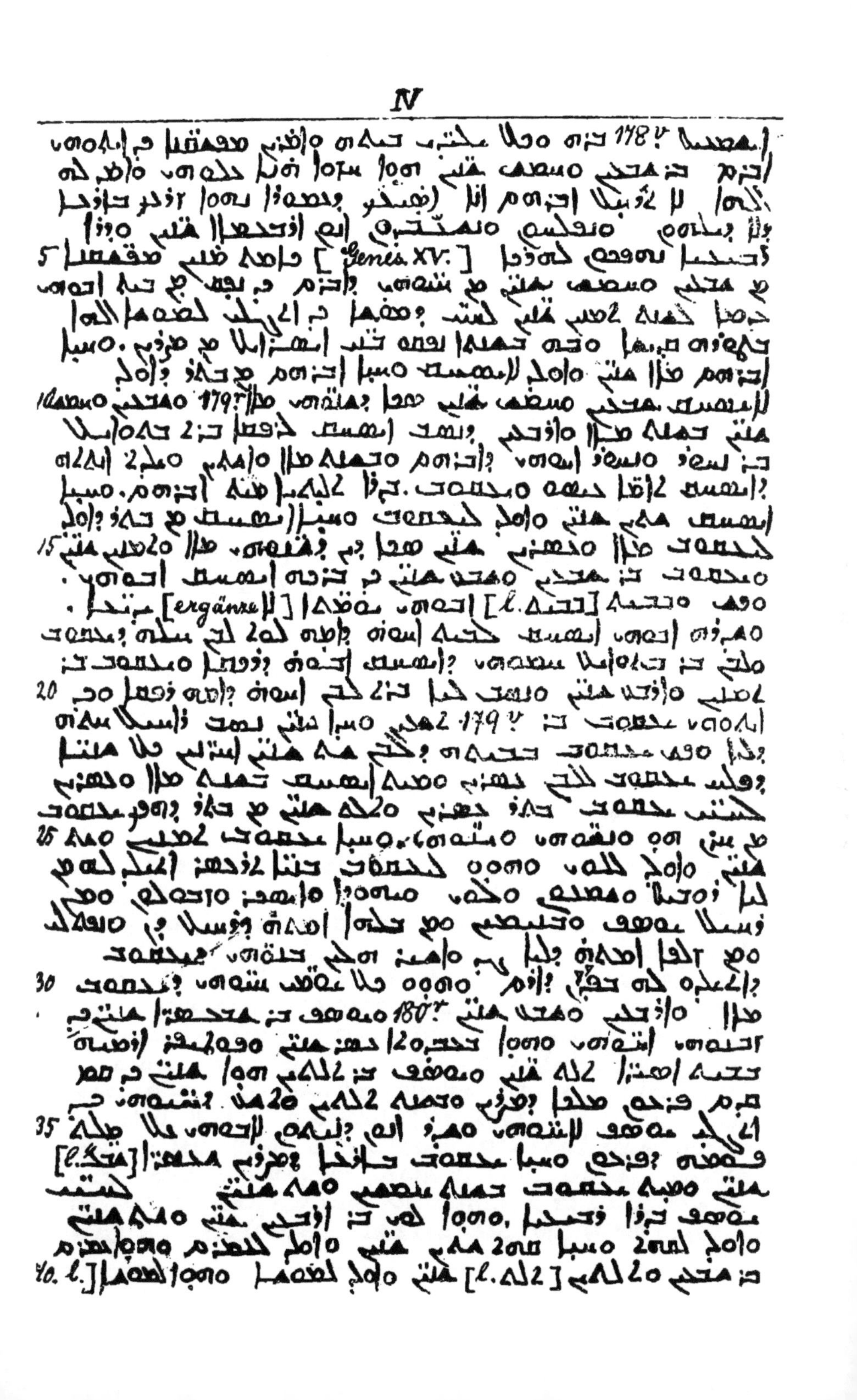

[illegible] ܀178 [illegible] [Genes. XV.] [illegible] ܀179 [illegible] [l. ...] [illegible] [ergänze] [illegible] ܀179 [illegible] ܀180 [illegible] [l. ...] [illegible] [l. ...] [illegible] [l. ...] [illegible]

III.

II.

[illegible]

f. 174 v

[illegible]

175 r

[illegible]

fol. 175 v

[illegible]

176 r

[illegible]

Fol.

172v ܡܫܡܫܢܐ ܕܗܠܝܢ ܥܡܡܐ ܘܟܠܗ ܡܕ̈ܝܢܬܐ ܡܢ ܐܝܟ ܕܟܬܝܒ ܘܟܠܗܘܢ ܕܩܘܝܠܐ.
ܐܝܟ ܚܡܨ. ܐܦܡܝܐ. ܩܢܝ. ܡܕܝܢܬܐ. ܣܗܕ. ܡܢܡܠܘܣ. ܠܒܢܢ. ܢܦܫ.
ܚܡܨ. ܐܦܡܝܐ. ܡܠܘܣ. ܚܠܒ. ܩܠܝ. ܐܪܡܘ. ܦܝܪܘܣ. ܢܣܪ. ܠܡܫ. ܐܕܪܝ̈ܡܘܢ.
ܐܢܛܝ. ܡܨܛܐܒ. ܡܘܣܝܐ. ܡܪܝ. ܣܪܘܢ. ܐܝܟ. ܟܡܢܝܬ. ܠܣܡܘ. ܡܠܟ. ܟܟܪ.
ܟܘܟܒ. ܐܝܟ. ܕܘܡ. ܡܠܟܘܬ. ܐܟܐ [ܐܟܢܐ ܕܝܢ] ܐܬܐ. ܡܣܘܡܝܬܐ.
ܡܘܪܝ. ܐܣܪܐ. ܡܘܐܒ. ܐܢܛܪܐ. ܟܘܫܐ. ܡܨܠܝܢ. ܐܣܪ. ܣܦܪܐ. ܦܘܢܛܘܣ. ܐܬܘܪ.
ܡܘܢܐ. ܡܘܡܝܢ. ܡܘܠܟܢ [ܡܘܠܟܢ ܠ.] ܐܠܠܝܐ. ܛܪܘܢܛܝܘܣ. ܐܬܘܪ.
ܐܠܢܝܢ. ܟܪܘܦ. ܐܪܕܘܢ. ܐܟܪ. ܐܠܡܝ. ܐܠܟܪܐ. ܦܠܛܝ. ܡܟܘܠܝܢ. ܡܘܢܐ.
ܘܗܠܝܢ ܕܡܛܝܢ ܒܡܫܐ ܕܢܘܚ ܕܐܬܦܠܓܘ ܘܐܬܒܕܪܘ ܡܢ ܩܕܡ ܟܠܗ ܐܪܥܐ. ܘܐܬܩܪܝ
173r ܘܗܘܐ ܐܟܘܬܗ. ܡܟܝܠ ܐܫܪܝ ܠܡܟܬܒܘܬ ܟܠ ܫܢ̈ܝܐ ܕܥܠܡܐ
ܡܢ ܐܕܡ ܘܥܕܡܐ ܠܗܢܐ. ܫܢܝ̈ܐ ܕܡܢ ܕܐܬܒܪܝ [ܕܐܬܒܪܝ ܠ.] ܟܠܗ
ܥܠܡܐ. ܐܕܡ ܟܕ ܐܘܠܕ ܠܫܝܬ. ܡܢ ܗܘܐ ܐܕܡ ܒܪ ܡܐܬܝܢ ܘܬܠܬܝܢ ܫ̈ܢܝܢ
ܐܘܠܕ ܠܫܝܬ. ܘܚܝܐ ܐܕܡ ܡܢ ܒܬܪ ܕܐܘܠܕ ܠܫܝܬ ܫܒܥܡܐܐ ܫܢ̈ܝܢ. ܗܘܘ
ܟܠ ܝܘܡܘܗܝ ܕܐܕܡ ܬܫܥܡܐܐ ܘܬܠܬܝܢ ܫܢ̈ܝܢ. ܒܪܬ ܫܝܬ ܠܐܕܡ ܘܚܝܐ
ܚܘܝܐ ܠܗ ܕܐܘܠܕ ܠܫܝܬ. ܫܝܬ ܐܝܟ ܕܡܘܬܗ ܒܨܠܡܗ.
ܘܚܝܐ ܫܝܬ ܡܐܬܝܢ ܘܚܡܫ ܫܢ̈ܝܢ ܘܐܘܠܕ ܠܐܢܘܫ. ܘܚܝܐ ܫܝܬ ܡܢ ܒܬܪ
ܕܐܘܠܕ ܠܐܢܘܫ ܫܒܥܡܐܐ ܘܫܒܥ ܫܢ̈ܝܢ ܒܬܪ ܕܐܘܠܕ ܒܢ̈ܝܢ ܘܒܢ̈ܢ. ܘܗܘܘ ܟܠܗܘܢ ܝܘܡܘܗܝ ܕܫܝܬ
ܬܫܥܡܐܐ ܘܬܪܬܥܣܪܐ ܫܢ̈ܝܢ ܘܡܝܬ. ܘܐܘܠܕ ܒܢ̈ܝܐ ܘܒܢ̈ܬܐ. ܘܚܝܐ ܐܢܘܫ
ܡܢ ܒܬܪ ܕܐܘܠܕ ܠܩܝܢܢ. ܘܗܘܘ ܟܠ ܝܘܡܘܗܝ ܕܐܢܘܫ. ܬܫܥܡܐܐ ܘܚܡܫ ܫܢ̈ܝܢ. ܘܚܝܐ ܐܢܘܫ
ܬܫܥܝܢ ܫܢ̈ܝܢ ܘܐܘܠܕ ܠܩܝܢܢ 173v ܘܚܝܐ ܐܢܘܫ ܡܢ ܒܬܪ ܕܐܘܠܕ ܠܩܝܢܢ
ܫܒܥܡܐܐ ܘܚܡܫܥܣܪܐ ܫܢ̈ܝܢ. ܗܘܘ ܕܝܢ ܝܘܡܘܗܝ ܕܐܢܘܫ ܬܫܥܡܐܐ ܘܚܡܫ ܫܢ̈ܝܢ.
ܘܚܝܐ ܐܢܘܫ ܒܪ ܬܫܥܝܢ ܘܐܘܠܕ ܒܢ̈ܝܢ ܘܒܢ̈ܢ. ܒܪܬ ܫܝܬ ܢܦܫ. ܒܪܬ ܫܢܝܢ
ܠܡܢܐ ܫܢܝܢ ܘܬܡܢܝܢ ܘܫܒܥ ܡܢ ܩܝܢܢ ܫܢ̈ܝܐ ܒܬܪ ܕܐܘܠܕ ܠܡܗܠܠܐܝܠ ܘܚܝܐ ܒܬܪ
ܕܐܘܠܕ. ܘܚܝܐ ܩܝܢܢ ܫܒܥܝܢ ܘܐܘܠܕ ܠܡܗܠܠܐܝܠ. ܘܚܝܐ ܩܝܢܢ ܡܢ
ܒܬܪ ܕܐܘܠܕ ܠܡܗܠܠܐܝܠ ܫܒܥܡܐܐ ܘܐܪܒܥܝܢ ܫܢ̈ܝܢ. ܘܗܘܘ ܒܢ̈ܝܐ
ܫܒܥܡܐܐ ܫܢ̈ܝܢ. ܘܚܝܐ ܩܝܢܢ ܒܪܬ ܠܡܗܠܠܐܝܠ ܘܡܝܬ ܘܗܘܐ ܟܠ
ܝܘܡܘܗܝ ܒܪܬ ܠܡܗ ܬܫܥܡܐܐ ܘܥܣܪ ܫܢ̈ܝܢ ܘܡܝܬ ܡܢ ܩܕܡ ܡܒܘܠܐ. ܘܚܝܐ
ܒܪܐ ܡܗܠܠܐܝܠ. ܘܚܝܐ ܡܗܠܠܐܝܠ ܫܬܝܢ ܘܚܡܫ ܫܢ̈ܝܢ ܘܐܘܠܕ ܠܝܪܕ. ܘܚܝܐ
ܡܗܠܠܐܝܠ ܡܢ ܒܬܪ ܕܐܘܠܕ ܠܝܪܕ ܫܒܥܡܐܐ ܘܬܠܬܝܢ ܫܢ̈ܝܢ. ܘܗܘܘ ܝܘܡܘܗܝ
ܕܡܗܠܠܐܝܠ ܬܡܢܡܐܐ 174r ܘܬܫܥܝܢ. ܘܚܝܐ ܡܗܠܠܐܝܠ ܒܪܬ ܠܝܪܕ ܘܡܝܬ
ܘܐܬܒܪܝ ܒܢ̈ܝܐ ܒܢ̈ܬܐ ܒܪܬ ܠܝܪܕ ܠܡܘܫܠܚ ܘܡܝܬ ܩܕܡ ܡܢ ܡܢ
ܡܒܘܠܐ ܘܡܝܬ ܒܪܬ ܚܡܫܝܢ ܘܚܝܐ ܝܪܕ ܡܐܐ ܘܫܬܝܢ ܘܬܪܬܝܢ ܫܢ̈ܝܢ ܘܐܘܠܕ
ܠܚܢܘܟ ܘܚܝܐ ܝܪܕ ܡܢ ܒܬܪ ܕܐܘܠܕ ܠܚܢܘܟ ܬܡܢܡܐܐ ܫܢ̈ܝܢ ܘܗܘܘ ܝܘܡܘܗܝ ܟܠܗ
ܕܝܪܕ ܬܫܥܡܐܐ ܘܫܬܝܢ ܘܬܪܬܝܢ ܫܢ̈ܝܢ. ܘܚܝܐ ܝܪܕ ܒܪܬ ܠܚܢܘܟ [ܠܚܢܘܟ ܠ.] ܠܡܘܫܠܚ
ܘܡܝܬ ܘܐܬܩܢܐ ܠܚܢܘܟ ܒܪܬ ܠܚܢܘܟ ܡܠܟܐ ܘܡܫܝܢ ܡܢ ܩܕܡ
ܡܒܘܠܐ ܘܚܝܐ ܚܢܘܟ ܫܬܝܢ ܘܚܡܫ. ܘܚܝܐ ܚܢܘܟ ܫܟܝܢ ܘܫܡܥܐ ܘܐܘܠܕ
ܠܡܬܘܫܠܚ. ܘܚܝܐ ܚܢܘܟ ܠܐܠܗܐ ܡܢ ܒܬܪ ܕܐܘܠܕ ܠܡܬܘܫܠܚ. ܬܠܬܡܐܐ

Anmerkungen zu den Angaben der chronologischen Tafeln.

ܐܕܡ) CHSP 3 HD 4.5.6.7 — Gen. III 23 IV 1.2. V 3-5. — Unter ܝܘܢܝܐ ist die versio hexaplaris des Paulus von Tella (u. 616/7) zu verstehen. Für die Zahlen desselben ist also Cod. Syro-hexaplaris phot. ed. Ceriani 1874 ff. zu vergleichen. Der ܥܒܪܝܐ ist die ܦܫܝܛܬܐ. — Der gegen die Juden gerichtete Vorwurf der Schriftfälschung findet sich auch in HD 114. — Über die Erschaffung Adams am Freitag, den 6. Nisan, sh. CHSP 3,5. — Nach Angabe des Anianus fällt die Ermordung Abels in das 130. Lebensjahr Adams CHSP 3,15 HD 7.

ܫܝܬ CHSP 4. HD 7 — Gen V 6-8. — Statt der 800 dem Ebräer zugeschriebenen Jahre hat der Text in Gen. V 7 die Zahl 807. Ebenso statt 905 in Gen V, 8 912 Jahre, wie auch in CHSP 4,6. HD 7. — Die Erfindung der Schrift wird dem Seth auch in HD zugeschrieben شيث بن ادم يقال انه اول من ابتدع الكتابة dagegen dem Henoch in CHSP 5,13: ܚܢܘܟ .... ܟܬܒܐ. Vgl. Gelzer, Sextus Julius Africanus I, 84. — Ob ܦܘܢܝܘܣ ein Corruptel oder ein wirklicher Name ist, bleibt zweifelhaft. Zur Sache selbst vgl. Malalas ed Dindorf p. 5: Σὴθ πρῶτος ἐξεῦρε γράμματα Ἑβραϊκὰ καὶ σοφίαν καὶ τὰ σημεῖα und den mittelbar auf Afric. zurückzuführenden Bericht des Suidas: θεὸν γὰρ τὸν Σὴθ οἱ τότε ἄνθρωποι προσηγόρευον διὰ τὸ ἐξευρηκέναι τά τε Ἑβραϊκὰ γράμματα κτλ. — Für unsern Autor erklärt sich dieser Widerspruch vielleicht folgendermassen: CHSP 5,13 nennt Henoch = Hermes Trismegistos als Schüler des Seth = Agathodaemon. Nach Eusebius, praepar. evang §§ 31 d & 46 a ist Seth = Θωυθ = Thaaut. Letzterer gilt aber als der Erfinder der Schrift [Diodor I, 16]. Vielleicht geht aus HD 10 hervor, dass ܦܘܢܝܘܣ ein Sabier war, vielleicht ist er auch = Plato oder = Chaeremon [Josephus contra Apionem I, 32]. — Die Söhne Seths heissen in HD بني الوحيم wegen ihrer Frömmigkeit, sh. dagegen die Anm. zu ܐܢܘܫ.

ܐܢܘܫ) CHSP 4 = CHSL 6 HD 7 — Gen V, 9-11. — Statt der in den Tafeln dem Hebräer zugeschriebenen 817 Jahre hat Gen V 10 die Zahl 815. Ebenso in CHSP 4,10 und HD 7 aus Gen V, 11 statt 907 nur 905 Jahre. Zu den „Göttersöhnen" siehe Barhebr. Scholien zu Job I 6 und II, 1 = ܒܢܝ ܐܠܗܐ, cf. die Note zu Bardesan L 36 in Cureton, Spic. Syr. sowie Bezold, Schatzhöhle 1883 pag 10. Über diese ܒܢܝ ܐܠܗܐ schreibt unser Autor diesen mit der Angabe der Tafeln nicht, mit HD 7 wohl zu vereinigenden Satz CHSP 4,2 ܘܒܫܢܝ ܐܢܘܫ ܫܪܝܘ ܒܢܝ ܐܢܫܐ ܠܡܩܪܐ ܒܫܡܐ ܕܡܪܝܐ. ܘܡܛܠ ܗܢܐ ܐܬܩܪܝܘ ܒܢܝ ܐܠܗܐ ܘܫܪܝܘ ܠܡܩܪܐ ܒܫܡܗ ܕܐܠܗܐ ܘܗܘܘ ܒܢܝ ܐܠܗܐ ܘܡܛܠ ܗܢܐ ... ܒܢܝ ܐܠܗܐ ܐܬܩܪܝܘ.

Die ܬܘܕܝܬܐ des Enos liegt wohl darin, dass er zuerst den Namen Gottes anrief, vgl. HD 7. —

[illegible] CHSP 4. HD 8 — Gen V. 12-14. — T hatte statt 170 falsch 130!

[illegible] CHSP 4 HD 8 — Gen V, 15-17.

[illegible] CHSP 4 HD 8 — Gen V 18-20. — Nach der Angabe der CHSP 4,16 und HD 8 sind die [illegible] [illegible] an Zahl 200 im 40. Jahre des Jared = 1000 der Welt vom Hermonberge auf die Erde gestiegen. Sie gingen zu den Söhnen Kains, heirateten deren Töchter und erzeugten die Giganten vgl. Gen VI, 4. — Die „Schatzhöhle" pag. 11 u. 18 setzt als Datum das 500. Jahr des Jared.

[illegible] CHSP 5. HD 9 — Gen V 21-25. — Über die Versetzung des Henoch in das Paradies HD 9: فنقله الله الي حيث شا حيا und CHSP 5,11. [illegible].

[illegible] CHSP 6. HD 11 — Gen V 25-27. — Zu der Zahl 187 ist zu bemerken, dass CHSP 6,18 und HD 11 die in den Tafeln bekämpfte Zahl 167 haben, fehlerhaft ist CHSL 7: 160. Vgl. Herzog und Plitt, Realencyclopädie für protestantische Theologie, Art. »Zeitrechnung« die Stelle: „Schon Demetrius scheint der Septuaginta gefolgt zu sein, wenn er bei C. Müller, fragm. hist. Gr., und Freudenthal (Alexander Polyhistor) von Adam bis zur Sindflut, bezw. bis zu der 2 Jahre späteren Geburt des Arphachsad mittelst der Correctur der 167 griechischen Jahre Methusales vor der Zeugung in die 187 hebräischen, der wir auch bei Julius Africanus und vielen Kirchenvätern infolge der famosa quaestio et disputatione ecclesiarum omnium ventilata [Hier.] seines Überlebens der Sindflut um 14 Jahre begegnen, 2264 Jahre und von der Sindflut bis zur Einwanderung Jacobs in Aegypten 1360 Jahre zählt. — Statt 969 haben CHSL 7, CHSP 6,19 & HD 11 die Zahl 962.

[illegible] CHSP 6, HD 12 — Gen V, 28-31. — Nach HD ist 753 nach dem Griechen und dem Syrer الى الرببين, doch hat für den Hebräer Pocooke richtig nach Gen V. die Correctur 777; aber CHSL 7 = CHSP 6,21 hat nur 773! Der Zusatz in CHS [illegible] entspricht dem in HD [illegible] قبل وفات.

[illegible] CHSP 6, 7 HD 12-14. — Gen V 32 VI 6 IX 28, 29. — Siehe den Text und T! „Noh überlebte die Flut um 350 Jahre, weil in ..." — Die von Abulpharag im Gegensatz zu den 2226 Jahren des Anianus in HD 14 angegebenen 2242 Weltjahre bis zur Flut gemäss der Septuaginta sind hier in 2262 Jahre durch die Setzung 187 für 167 bei Metusela corrigiert.

[illegible] CHSP 7 HD 14 — [illegible] Statt 400 haben HD und CHSP 7,12 [illegible] 101 Jahre. — Nach CHSP [illegible] 2001; dagegen HD 14 richtig 600 Jahre.

[illegible] CHSP 7. HD 15. Gen XI 12,13. — Sein Zeugungsjahr bestimmen HD 15 und CHSP 7,12 als 130, und doch setzen sie die ganze Lebensdauer auf 465 Jahre!

[illegible] CHSP 7 HD 16 — Ev. Luc. III, 36. — Sein Zeugungsjahr bestimmen HD und CHS als das 130. Letzteres giebt für die ganze Lebenszeit 430. — In CHSP 7,16 findet sich bei [illegible] der Satz [illegible] siehe die Anm. bei [illegible] und [illegible].

[illegible] CHSP 7 HD 16. Gen XI, 14. 15.

[illegible] CHSP 7 HD 16 Gen XI, 16. 17. — Das Zeugungsjahr bestimmen HD und CHSP als 133. und setzen das gesamte Leben auf nur 343 Jahre! — Über den Ursprung des Namens der Ebräer in CHSP 9,5 eine weitere Erklärung: [illegible], dagegen wird in Hoffmann, Opusc. nest 85,13 [ebenso BB.] der Name von [illegible] abgeleitet: [illegible], ebenso in Jacob Edessenus ed. Wright p. 20. CMB Wr. 602[a]. Dionys von Telmahre 41,3 und Ephraem Syrus I, 214 II 490, dagegen BO. III 314: [illegible] —

[illegible] CHSP 7. HD 17. Gen XI 18.19. — Der Satz Gen X 25 [illegible] ist in HD und CHSP 7,26 auf die Länderverteilung, nicht aber auf die Sprachenverwirrung gedeutet. — Nach HD 18 und CHSP 8,19 wäre der Turmbau erst im 70 Jahre des [illegible] begonnen; dieselbe Angabe in der „Schatzhöhle" p. 30.

[illegible] CHSP 8 HD 17. Gen XI 20. 21. — Statt 132 setzt CHSP 8,18 : 133. — Zu Nimrod vgl Gen X, 8,9 mit dem zugehörigen Scholion im Ausar(?) [illegible]: [illegible] — Statt [illegible] schreibt CHSP 7,24 [illegible] und giebt ihm vom 101. Jahre des Pâlāg an eine Regierungszeit von 60 Jahren, vgl. HD 17. — Bezold, Schatzhöhle die Namen [illegible] p. 30, & C.B.V. III 330 [illegible].

[illegible] CHSL 10 CHSP 9 HD 18 Gen XI 22.23 — Über den Anfang des Götzendienstes CHSP 7,16 von [illegible], aber unter [illegible] nur pag 9,10: [illegible] vgl HD 18. — Die Geschmeide stammen nach CHSP 9,9 [illegible] — Die Festsetzung von Maass und Gewicht wird [illegible], dem dritten Könige der Chaldäer, zugeschrieben vgl HD 18 & CHSP 9,15. — [illegible] „invecta sunt!"

[illegible] CHSL 11 CHSP 9.10. HD 19. Gen XI 24.25. — Fälschlich wird [illegible] und in CHSP die Lebenszeit auf 201 Jahre bestimmt. — » Zu seiner Zeit « vgl. CHSP10,1 [illegible] u. CHSP 10,10. Pharao Apintôs schickt zu dem parthischen König Kasarunos [illegible] — Zur Erbauung der beiden Städte: CHSP 10,7 HD 11 nennen als Gründer den Kananäer Armonis, dessen Söhne Sdôm und Amôrâ hiessen.

[illegible] CHSP 10 HD 19. Gen XI 26-32. — Gen XI, 26 hat nur 70 Jahre als Zeugungsalter CHSP 10,15 u HD bestimmen die Lebensdauer auf 275 Jahre gegen 205 in Gen XI, 32 Zur Nachricht von [illegible] gegen [illegible] vgl. das Scholion im Auṣar râze cod P, fol 12: [illegible], ferner CHSL 10 = CHSP 9,27 der Parther [illegible] ([illegible]) tötet den 3. Chaldäerkönig Samiros und wird 4. König von Babel. Als 5. König ist aber noch ein [illegible] genannt und erst nach seinem 18. Regierungsjahre [illegible] vgl dazu wieder Auṣar râze P fol 12. wo Bolus Sohn Ninos als erster König aufgeführt ist, ebenso CHSP 11,2.

[illegible] CHSP 11. HD 20 Gen XII-XXV. — Statt 75 hat HD falsch 85. — Zu den 430 Jahren vgl. CHSP 14,16: [illegible] — Zur Erbauung Jerusalems vgl CHSP 11,5 und HD 15. [Bezold] Schatzhöhle 36 setzt sie gleichzeitig mit der Opferung Isaaks. Siehe dazu Gelzer Jul. Afr. II_1, 295 » Die apocryphischen Reste «.

[illegible] CHSP 11,12. HD 21. Gen XXI-XXXV — Statt 16 hat CHSP 11,27 nur 15, HD aber 19. Nach HD ist der Berg der Amuroje „Moria" identisch mit Nebo نابو! Statt 37 hat CHSP 12,2 die Zahl 38. Danach heiratet Isaak die Rebecka ein Jahr nach dem Tode der Sara.

[illegible] CHSP 12. HD 23,24. Gen XXXVII-XLVII. — Statt 87 hat CHSP 12,12 & HD nur 82. Das Alter Josephs ist gegen Gen L,26 festgesetzt. Pococke hat die 140 Jahre der Handschriften für HD auf S. 24 seiner Ausgabe in die 110 Jahre der Gen. korrigiert.

[illegible] CHSP 12 HD 25. Exod. VI, 16 — Statt 45 haben CHSP und HD die Zahl 47. Zum Alter bei der Zeugung für Levi Kahat Amram siehe den anonymen Verf. » der Berechnung der LXIII Geschlechter « im Anhang zur Stelle. — Statt 415 der Handschriften und T war 215 einzusetzen, denn das 44. Jahr des Levi ist = 3628 d.W. und steht von dem Exodus [80. Jahr des Mose = 3842 d.W.] nur um 214 bz. 215 Jahre ab. T übersetzt [illegible] mit universim!

[illegible] CHSP 13 HD 26. Ex. VI, 17.18. — Statt 63 haben CHSP und HD nur 60. —

ܥܡܪܡ CHSP 13. HD 26. Ex. VI, 20. — Statt 70 CHSP nur 65, HD 75! — Statt 147 der Handschriften und T war 144 zu setzen, denn das 6. Lebensjahr Amrams = 3698 d.W. steht von dem Exodus [3842 d.W.] nur um 144 Jahre ab.

ܝܢܝܣ CHSP 13. 14. HD 26. Ex.–Deut. — Nach Timoth.[2] 3,8 sind Jannes und Jambrias die Gegner des Mose, hier wird aber von ihnen als den Lehrern gesprochen. Vgl. Freudenthal, Hellenistische Studien 173. Ewald, Gesch. II³ 128, Dionys. von Telmahre p. 27 ed. Tullberg, Eusebii canonum Epitome Carol. Siegfried et Gelzer, wo infolge von Tullbergs Index und der Notiz des Eusebius in Chron. Paschale 117,7 »ταῦτα ἱστορεῖ Ἀρτάβανος« [illegible] = Artapanus gesetzt wird. — Vgl. ferner שלשלת הקבלה 13,2 und תרגום יהונתן zu Ex VII, 11, sowie den Pythagoräer Numenius in Eusebius, praep. evang. 9, 8 [§ 441d § 432d] und hist. nat. 30,1 des Plinius. Von einem Briefe des Artemonis-Artapan spricht CHSP 14 [BO II unter Barhebraeus.] [illegible] HD 26 verändert den Namen dieses jüdischen-alexandrinischen Pseudoepigraphen gar in »Aristamunis [illegible]«: die Königstochter überliefert den Mose dem يانيس ويمبريس etc., wie es erzählt wird bei أرسطامونيس. — Der Aufenthalt in Midian wird von T nicht erwähnt, gewiss infolge eines Versehens.

ܝܫܘܥ ܒܪ ܢܘܢ CHSP 15. HD 34. Jos. — Die Zahl 27 ist gemäss CHSP 15,3 nach Eusebius und Andronicus gesetzt gegen die 25 des Anianus. — „In seinem 10. Jahre" erklärt CHSP 15,7 durch [illegible]. In der Folge ist alles derartige in gleicher Weise zu beziehen. — Die versio T scheint vielleicht mit Recht [illegible] in Trochilus verbessert zu haben, denn ein Trolichus ist unbekannt, dagegen wird in Stephani Thesaurus Graecae linguae t 2527 Τρόχιλος n. viri Argivi patris Triptolemi ap. Pausan. I, 14, 2 genannt [τροχίζω rota torqueo Diod 20, 71. τροχιλεύω = κλαυσασθαι ap. Zonaram lex. p. 1752]. Weil Triptolemus mit Demeter durch die Landschaften Griechenlands gefahren sein soll, mag man dem Trochilus als seinem Vater jene Erfindung des Wagenbaus zugeschrieben haben.

[illegible] CHSP 15 HD 36. Jud III 8. — Zwischen Josua und [illegible] heisst es in CHSP 15: [illegible] Zu Anianus Angabe s. HD 36. — » [illegible] «

» lebten Kuritos und Kurbantos in Kenson « als wären es nur zwei Personen. Zur Endung φe = φo vgl. Gesen. thesp 1215. Zur Sache siehe Eusebius praep. ev. p114a [Curetes sind die alten Zeuspriester auf Creta, vorzugsweise in Cnossos: Hygin. fab. 20, 139. Ovid mett. IV 282 Lucr II, 629. — Corybantes sind die Priester der Cybele: Schol. Pyth. II, 127 Strabo X, 467. vgl. Stuhr, Religionssystem der Hellenen s88. —].
Pinehas: Jos XXII, 30; HD 35-36 & CHSP 15, 10 mit einer Amtsdauer von 24 Jahren, in Chron. ecclesiasticum des Barhebr. ed Abbeloos & Lamy I, 10 v. 80 Jahren.

[illegible] CHSP 15 HD 37 Ju I, 13 III 10. — Nach CHSP 14 und HD 33 war die Flut des Deukalion schon zur Zeit Moses. Aus dem [illegible] der Handschriften musste aufgrund von CHSP 14,5 [illegible] und HD 33 [illegible] das Corrupte wie bei Dionys. Telmahr. 28,13 verbessert werden.
Vielleicht wäre auch nach BO. II, 177 die Correctur [illegible] am Platze. Zu der zeitlichen Anordnung vgl. Euseb. Cyr. p. 10 E 11 AB, Chron Euseb 144,20, Sync. 297,7. Anmerkung [illegible] P. II, 10. Dion. Telm 28.31. u.s.w.

[illegible] Ju III, 14 werden von dem Richter אהוד [ib. 15-30] verjagt HD 38. CHSP 15. Die Erwähnung Korinths erwähnt Sync. 288,16 & Dion. Telm. 25. — Die Gründung des Areopags erwähnt CHSP 15,14, HD zur Zeit Ehuds. [illegible], dagegen Dion. Telm. zur Zeit der Moabiter, wie die Tafeln, ebenso Sync. 290,13. — Über die Geburt des Herakles vgl. Meliton in Cureton, Spic. Syr [illegible] for Zeus the king fell in love with Alcmene the wife of Electryon, who was from Argos and committed adultery with her, and she gave birth to Hercules". vgl. ferner Diod. Sic. 4. Euseb. praep. ev. II, 2 Dion. Telm 28,5. Eus de Stelle. — Dionysos als Sohn des Zeus und der Semele genannt Severi Poet 172v. — Statt des „Kūtūphūs" der Handschriften ist wohl mit T Busiris zu setzen, da nur von diesem das Erwähnte in Umlauf ist, vgl. Diod. IV, 27. Plut. Thes. 11. Dio Chrys VIII 136. Herod. II 54. Isocr. or. 11. Bus. 15. Arrian an III 3,1. Sync. ed Dindorf I, 288 [Busiris = [illegible] nach Syr II & ph. 12,16 eine Stadt in Aegypten] — Linios = Linos, vgl. Ambrosch, de Lino; in BB gilt er als griechischer Gott: [illegible] cf. Ilias XVIII 569. — Statt „Musaeus Thebanus" hat T: musicus Thebanus! — Mosios ist = Musaeus, vgl. Diod or IV, 66 Euseb. praep. ev p 469 u 500 d. Severi Poet. 164v [illegible].

[illegible] CHSP 15. HD 38. Ju IV 2,3. — Jod und Nun wechselt oft: זכין und חנכה statt זכי und חכה, aber auch [illegible] — Während T [illegible] nicht übersetzt, wird in Schatzhöhle 42 ausdrücklich auf die Bedeutung dieses Wortes hingewiesen und Nabin der Trockene genannt [illegible] = [illegible] — Die Zahl 90 der Kriegswagen ist falsch, trotz CHSP 15, 24 u. HD 38. — P. Bedjan bemerkt richtig, dass nach Ju. IV, 3 [illegible] stehen muss. — CHSP 15 giebt dem Samgar eine Amtsthätigkeit von 18 Jahren auf Kosten des Ehud, für den dort 62 Jahre angesetzt sind.

[illegible] CHSP 15 HD 39. Ju. IV, V. — Über den Tod des Sisra CHSP 15 [illegible] gegen Ju. IV, 21. — Rhaa steht fälschlich für Danae, gegen CHSP 16, 9, wo Perseus [illegible] genannt wird. vgl. Schol. z. Apollon. Rhet. IV, 1091. Pausan. II 16, 2, 23, 7, 25, 6. Ambros. Hypomn. in Cureton Spic. Syr. 39. — Perseus: [illegible] = CHSL 17; CHSP 16, 9 [illegible]. Die Schnelligkeit als Grund des „Fluges" in Malalas ed. Bonn 35: ὄντινα (Περσέα) πτερωτὸν γράφουσι διὰ τὸ ἐκ παιδόθεν περίγοργον εἶναι τὸν παῖδα. — „Gumidis" ist Ganymed. vgl. Cureton. Spic. Syr. Ambros. Hypomn. 39, Georg. Sync. p. 161 D. Malalas p. 80, 86, 17 (nomine Didymi.) u. Ilias XX. 230 ff. — Über den Herdenreichtum der Midianiter HD 40. —

[illegible] CHSP 16 HD 40 Ju. VI ff. — Den Perserzug des Perseus erwähnt Dion. Telm. 32, 1. Euseb. in Sync. 305, 19. Cramer. Anecd. P. II. 190. 28. Sync. 161 D. — Gurgur = Gorgo [auch [illegible] und [illegible]]. Die Bezeichnung [illegible] „Buhlerin" geht vielleicht auf eine syrische Volksetymologie von [illegible] „adulterari" zurück. — Zum schönen Typus der Gorgo vgl. Cic. Verr. IV, 56 [Ed. Jacobi Mythol. Handwörtb. 728 ff.] Didymus Chalcenteros als Gewährsmann für die Perseussage ebenso in Sync. p. 162 A = 306, 2 ed. Bonn vgl. Mauricius Schmidt, Didymi Chalcenteri fragm. 1854.

[illegible] CHSP 16 HD 40 Ju. IX. — Statt 70 Brüder hat HD nur 69.

[illegible] CHSP 16 HD 40 Ju. X, 1. 2. — Statt 23 hat CHSP u. HD nur 20. — Die Gründung von Tharsus durch Perseus, Sohn der Danae, wird ebenda in das letzte Jahr Tolas verlegt. CHSL 26 = CHSP 24, 9 erwähnt eine Neugründung von Tharsus in Cilicien zur Zeit Sanheribs, nach HD 66 war dies nur ein Wiederaufbau. — Zum Indienzuge des Dionys. vgl. Dion. Telm. 32. Sync. 306, 10 Strabo 15 p. 711. Arr. Ind. 5, 4. Ilias Z 133. auch HD 40.

[illegible] CHSP 16 HD 40 Ju. X, 3. 4. 5. — Die Gründung von Cyzikus erfolgte nach CHSP 20, 17 erst unter Ahas, nach Dion. Telm. 45 unter Manasse = Sync. 402, 3. Dion. Telm. 33 verlegt die Gründung von Cyzikus und Tyrus in dasselbe Jahr: Chron. Pasch. 148, 14 ff.

[illegible] CHSP 16 HD 40. Ju. XI. XII. — Zur Opferung der Tochter CHSP 16, 18: [illegible]

[illegible].

ܐܒܨܢ) CHSP16 HD 41. Ju XII, 8 ff. — Statt ܐܒܨܢ hat Dion. Telm 33,17 ܐܒܨܢ.

ܐܠܘܢ) CHSP16 HD 41. Ju XII, 11 ff. — Die Zerstörung Iliens nach CHSP16,9 schon unter Tola, oder erst unter Simson. — Prismos = Priamus vgl. zu den Schreibungen der Namen CHSP17. Eus. Theoph. II, 21, 29 Dion. Telm 34. Spic. Syr. 38. — Dîstos = Dictys! (nicht = Justinus wie T). Vgl. Dictys Cretensis Ephemeridos belli Troiani libri VI ed. Meister Leipzig 1872. p. 90 Cap. V, 5 die Namen der 3 Söhne. cf. Fuchs, de variet. fab. Troic. quaestt. Cöln 1830 u. J. Wolff, Zeitschrift für das Gymnasialwesen XII 932.

ܥܒܕܘܢ) CHSP16. HD 41. Ju XII, 13 ff. — Zum Namen CHSL 18 CHSP16, 23 HD 41. —

ܫܡܫܘܢ CHSP16. HD 42. Ju XIII ff. — Statt unseres [illegible] hat CHS [illegible] 40 Jahr nach Africanus, HD aber mit 20 Jahr. » Die Zerstückelung der Frau seines Priesters « entstand wohl durch Ju XVIII, 7 והוא גר שם und XIX, 1 איש לוי גר! — [illegible] besser (als) [illegible], wofür kein Beleg.

ܥܠܝ CHSP17 HD 42. Sâ I, 3 ff. — „40" entspricht dem Ebräer, „20" der Septuaginta. — Statt „78" Sâ IV, 15 die Zahl 98.

ܫܡܘܐܝܠ CHSP17 HD 42. Sâ I ff — Seine Lebenszeit nach CHS: 77 Jahre.

ܫܐܘܠ CHSP17 HD 48 Sâ VIII ff. — Nahas als die Mutter Davids?! vgl. Jacob. Edessenus zu Sâ XVII 25. ed. Wr. ܢܚܫ 10 quod ܢܚܫ extat ibi pro ܐܝܫܝ per incuriam scribarum! Payne Smith Thesaurus 2341. — doch ist ܢܚܫ נחש sonst als ammonitischer Name bekannt, und mag diese Notiz auf Beziehungen der jüdischen und ammonitischen Königshauses hinweisen. — Nach babyl. Talmud baba bathra 91ᵃ ist die Mutter Davids נצבת בת עדאל. — Laut den Tafeln wäre die Salbung Davids erst 20 Jahr nach dem amalekitischen Kriege und dem Ungehorsam des Saul erfolgt! — Die Erklärung dafür, dass Saul sowohl unter die Richter als auch auf die Königstafel gesetzt wird, findet sich bei dem anonymen Chronisten: [illegible] sh. Anhang. Umsomehr kann man sich wundern, dass in der als alt geltenden Handschrift B zwar der Raum für Saul auf der Richtertafel freigelassen wird, der in PAGT sich dazu findende Text nicht einmal auf die Königstafel gesetzt ist. — Die Quelle für die Regierungsdauer von 40 Jahren bei Saul, David und Salomo ist Act. XIII, 21. Diese Rechnung ist auch von Eusebius angenommen, dagegen Anianus für Saul 20 Jahre. — Statt 28 hat CHSP18,1 die Zahl 30. —

[illegible] CHSP 18. HD 50 ff Sā II ff. —

[illegible] CHSP 18 HD 52 ff Rēg¹ VI ff. — Der Tempel erstand nach CHSP 18,16 auf dem Berge Moria. HD 52 [illegible] vgl. die Note zur Opferung Isaaks. — Die Zeit vom Auszug aus Aegypten bis zum Tempelbau berechnet CHSP 19,6 annähernd richtig auf 634 bz. 610 Jahre gegen die 480 Jahre in Rēg VI.

[illegible] CHSP 19 HD 54 ff. Rēg¹ XIV ff. — Hier fehlt in den Tafeln der CHSP 19,24 genannte Zug des Sišaķ.

[illegible] CHSP 20 HD 56 Rēg 14,31 ff Pār III, 10. u. a — Die Zahl der Söhne giebt CHSP 20,3 auf 24 an, Pār XIII nennt nur 22.

[illegible] CHSP 20 HD 57 Rēg XV. — Statt [illegible] CHSP [illegible] und [illegible] für [illegible].

[illegible] CHSP 20 HD 58 Rēg XXII ff — Isebel heisst CHSP 20,21 [illegible]. Zur Schreibung des Namens siehe Apoc II, 20, Rēg XVIII und Jakob. Edess. ed Wr. 19. — Der Rēg XVIII genannte עבדיהו אשר על הבית wird von den Syrern ohne Grund mit dem gleichnamigen Propheten identificiert. — CHSP 20,24 und HD 58,54 nennt noch andere Propheten als gleichzeitig.

[illegible] CHSP 20 HD 59. Rēg² III ff. — [illegible] ist nach Pār² XXI die Tochter Ahabs, ebenso nach dem hebr. Text in Rēg XVIII 18 בת אחאב, wofür der Syrer [illegible] setzt, nach Rēg VIII, 26 und Pār. XXII, 3 entspricht בת עמרי und der Syrer einander.

[illegible] CHSP 20 HD 59. Rēg I,7 III, 1,6,9,15. Pār XXII. — Rēg² IX [illegible] יֵהוּא בֶּן־יְהוֹשָׁפָט בֶּן־נִמְשִׁי

[illegible] CHSP 20 HD 59. Rēg² VIII ff.

[illegible] CHSP 20 HD 60 Rēg² XII ff. — Der hier erwähnte Zecharja entspricht dem in Pār XXII, 10 ff. XXIII, XXIV 1-16, 20-24. vgl. die Noten zu Usia.

[illegible] CHSP 22 ff. HD 60. Rēg² XII, 21 ff Pār² XXV. — Nach CHSP 20,27 töten ihn [illegible] aber CHSP 22,1: [illegible].

[illegible] CHSP 22,4 HD 60 Pār XXV. Rēg² XV. — Ausser Abulpharagius hat die Bestrafung des Jesaja noch Schatzhöhle 46., Dion. Telm 41 nach Symmach. Theodoret. u. Hieron. (Herzog u. Plitt, Realencycl VI, 587) zu Jesaias VI, 5: אוֹי לִי כִּי נִדְמֵיתִי mit Bezug auf וסר עונך וחטאתך תכפר [Jesaias VI, 7]. Der bezügliche Passus in CHSP 22, 8 lautet: [illegible] [Note des P. Bedjan [illegible] !] — Der hier erwähnte Zecharja, Sohn des Berechja ist identisch mit dem in Ev. Matthaei XXIII 35 u. Luc. XI, 51. Vgl. zur ersteren Stelle das Scholion des Barhebr. ed. Spanuth, babyl. Talmud Gittin 57 b, Targum zu Threni II, 20 und Cod. Sachau 165 f. 29r. [Epiphanius]: „der Prophet Zecharja ist [illegible] der Sohn des Berechja [illegible] der des Iddo".

[illegible] CHSP 22. HD 61. 62. Reg² XVI. — Homers Blütezeit ist in CHS u. HD nach Porphyrius schon unter Usia gesetzt, nach andern sogar schon unter Salomo. — Rhodus wurde nach CHSP 23 u. HD 26 erst unter Ahas bebaut.

[illegible] CHSP 23 HD 62 Reg² XVI. — Nach CHS hätte Tiglathpileser das Geld von Pekach und Rezin erbeutet, dagegen stimmt HD mit den Tafeln [gleich Jes. VII, 8 & Reg² XVI] überein. — Die Vernichtung der Zierraten des Tempels ist Reg² VIII, 8–15 berichtet.

[illegible] CHSP 24 HD 65. Reg² XVIII Par² XXXII. — Dion. Telm. 43, 23 setzt die Erzählung von dem Engel vor den Sieg über Tirhaka, ebenso CHSP. —

[illegible] CHSP 25 HD 66, 67. Reg² XXI. — Die 37 Jahre der Gefangenschaft Manasses sind denen bei Jechonja nachgebildet. — Über das Gebet Manasses: „Μανασσῆς ἐν τῇ αἰχμαλωσίᾳ ὢν ἐπέστρεψε πρὸς τὸν θεὸν καὶ ἀπεκατεστάθη εἰς τὴν βασιλείαν αὐτοῦ: Chron. pasch. I, 219: J. Africanus [Damascen. Opp. ed. Le Quien II, 463] Sync 404. Suid. v Μανασσῆς Fabricius Biblioth. gr. III 732, deutsch in Bindseil-Niemeyer: Luthers Bibelübersetzung V, 263 [Psalm 8.] προσευχὴ Μανασσῆ Sabatier Tom III, 1039. Vgl. Fritzsche & Grimm Handb. z. d. Apocr. d. A.T. 158. — Das Bild „mit den Gesichtern" ist vielleicht identisch mit dem [illegible] in Par² XXXIII, 7. vgl. CHSP u. HD. — Die Zahl 970 hier und in HD 67 ist ein Correctiv für CHSP 25, 12 [illegible].

[illegible] CHSP 25 HD 67. Reg² XXI Par² XXXIII. — Anianus hat hier nicht die allen Chronologen zugeschriebene Ansetzung von 12 Jahren für Amon vgl. CHSP 25. siehe Gelzer, Jul. Afric. II, der die Angaben des Anian bei Abulpharag aufführt.

[illegible] CHSP 25. 26 HD 69. Reg² XXII. Par² XXXIV. — Zur Prophezeiung siehe Reg³ XIII, 1–3. Nach CHSP waren es vier Söhne: Jechonja Jojakin Joahas u. Jojakim. — Der Name נכו [Neka-û] als [illegible] erklärt kehrt in [illegible] der Lahme wieder vgl. CHSP 26, 2 [illegible] und HD 69 [illegible]. —

ܝܘܐܚܙ CHSP 26 HD 69. Reg² XXIII Par² XXXIV = שלום bei Jerem. XXII, 11 ff.

ܝܘܝܩܝܡ CHSP 26 HD 69. Reg² XXIII Par² XXXVI. „Seine Söhne" ebenso BB in Payne-Smith, Thesaurus 929, abweichend Dion. Telm: Söhne des Jojachin. Zu Daniels königlicher Abkunft vgl. bab. Talmud, Sanhedr. 93ᵇ, Hieron. zu Jesaias 39, 7 u. Dan. I, 3. ferner Josephus Antt. X, 10, 1. Polychronius I, 9 [Mai, Scriptt. vett. nov. coll. I p. II]. —

ܝܘܝܟܝܢ CHSP 26 HD 70 Reg² XXIV Par² XXXVI. Vgl. CHSL 28 = CHSP 26, 20 BO I, 140

ܨܕܩܝܐ CHSP 26 HD 70 Reg² XXIV Par² XXXVI Jer. geg. Ende. — Der 4. Zug Nebukadnezars bz. die Eroberung Jerusalems fällt in sein 19. Regierungsjahr [CHS]. CHSP 27, 14. 15: Gesamte Königszeit 525 Jahre bis z. Jahre 4516 d. W. —

ܢܒܘܟܕܢܨܪ CHSP 27. HD 73 Reg² XXIV. — Die Zahl „21" steht im Widerspruch zu der sich aus CHSP 26, 26 u. 27, 20 ergebenden Zahl 19. — Die Eroberung von Tyrus durch Neb. wird berichtet Ezechiel 29, 18. Aus Reg. XXV, 28 geht die Gefangenschaft des tyrischen Königs hervor, dagegen Dion. Telm. 47, 14 [ܠܫܢܬ ܥܣܪܝܢ ܘܬܪܬܝܢ ܕܡܠܟܘܬܗ] vgl. auch Schatzhöhle 43: Hiram herrschte 500 Jahre in Tyrus von den Tagen des Königtums Davids bis zu dem Königtum Ṣedekias ... und es tötete ihn Nebucadnezar sh. CHSP 27, 6. HD 71. — Die Einnahme Aegyptens ist nur aus Jer. 43 zu schliessen, aber erfolgte in der That nie.

ܐܘܝܠ ܡܪܘܕܟ CHSP 28 = CHSL 30 HD 78 Reg² XXV. Jer. LII 31. — CHSP = Syncellus giebt ihm gegen die Tafeln eine Regierungszeit von 3 Jahren nach dem Tode des Vaters, so auch HD, dagegen das Scholion zu Dan V, 1 im Auṣar giebt nur 2 Jahre an = dem Ptol. Canon und Berosus [Joseph. c. Ap. I, 20, aber Antt. X, 11, 2 falsch 18 Jahre, ebenso Hippolyt fälschlich 12 Jahre (Lagarde, An. 80)]. — Der König soll mit Jethonja deshalb befreundet worden sein, weil er mit ihm im Gefängnis sass. In dasselbe wurde er geworfen, weil er während des Wahnsinns des Neb. schlecht regiert hatte. [Auṣar rāzē, Scholion zu Dan. IV, 14 = Hieron. zu Jes. 14, 9. : Beros. bei Jos. c. Ap. I, 20 : Schatzhöhle 50/51 u. Dion. Telm. 49.] — Die Freilassung erfolgte gemäss CHSP 28, 18 im 26. Jahre nach der Zerstörung des Tempels.

ܒܠܛܫܨܪ CHSP 28. HD 79. Dan IV. — Statt „2" CHSP „bei den Chaldäern" 5. An. Syr. 80, 4 hat 4 Jahre. — Zur Bezeichnung des B. als Bruder des Evilmerodach vgl folgendes Scholion im Auṣar zu Dan V1. ܘܡܢ ܒܬܪ ܢܒܘܟܕܢܨܪ ܐܡܠܟ ܐܘܝܠ ܡܪܘܕܟ ܒܪܗ
ܫܢܝܢ ܬܪܬܝܢ ܘܒܬܪܗ ܐܡܠܟ ܒܠܛܫܨܪ ܐܚܘܗܝ ܫܢܝܢ ܐܪܒܥ ܘܐܦ ܗܘ ܒܪܗ ܕܢܒܘܟܕܢܨܪ ܗܘܐ
ܡܪܘܕܟ ܕܐܡܬܩܪܐ ܗܘ ܕܡܬܟܢܝܢ ܒܫܡܐ ܕܐܒܘܗܝ ܘܕܐܒܘܗܝ ܕܐܒܘܗܝ ܕܢܒܘܟܕܢܨܪ [Jerem XXVII 7.]

Auch Dion. Telm 49, Aphrahat (ed Wr) [illegible] 19, Ephraem Syr (ed Overbeck Oxf 1865) 233,26; Payne-Smith 534 nennen ihn als den Bruder des Evilmerodach, dagegen Polychron. u. Theodos. in den com. var. in Dan. [Mai, collect. 195 anm] den Enkel des Neb. – Zur Ermordung B.s vgl. das Scholion im Ausar zu Dan V, 30 [illegible] Nach CHSP 28,25 tötete ihn aber Darius der Meder. – Abulph. hält den Neriglissor des Ptol. Canon für B., weil Darius der Meder = Nabonet CHSP 29,3.

[illegible] CHSP 29 HD 80 Dan IX. – Die Regierungszeit desselben ist nach den versch. Angaben 1,3 oder 9 Jahr. [CHS u. HD]. Zur Erzählung von der Löwengrube CHSP 29,7 = HD 81 und CHSP 29,8 = HD 83.

[illegible] CHSP 29 HD 83 Par. XXXVI 22 Ezr I, 1. – Die Angabe der Regierungszeit schwankt bei CHSP u. HD zwischen 29 und 33 Jahren. – Nach Schatzhöhle 51 ist das Jahr der Rückkehr der 50000 das zweite des Cyrus u. das 5000. d. W. – Zur Berechnung der Jahrwochen siehe das Scholion des BH. zu Dan IX. Hier bekämpft Abulpharag den Eusebius, Clemens Alexandrinus und Hippolyt.

[illegible] CHSP 30 HD 84. – [illegible] auch in Dion. Telm 51, Gelzer aber » frater magorum «! – In CHSP wird deren Regierung zu Kambyses gezählt.

[illegible] CHSP 30 HD 84. – Über die 70 Jahre s. CHSP 27,4. – Das Buch [illegible] ist דברי הימים, die Stelle daselbst XXXVI 23,24. –

[illegible] CHSP 31 HD 87. – Statt „20" in HD u. CHSP „21". – Die Unterwerfung Aegyptens fällt nach HD in das zweite Regierungsjahr, die Zerstörung Athens in das elfte. – Statt [illegible] CHS [illegible] vgl. BO III, 1. 316 u. Dion Telm. 16. – Statt 6 Monate HD und CHS „7" zu Xerxes gezählt.

[illegible] CHSP 31. HD 87. – Zum Namen vgl. B.O. I, 77. Dion. Telm. 51. 53. Eus. de Stelo 14. B.O. III, 1. 316. – Ezra wurde nicht im 20., sondern schon im 7. Jahr ausgesandt, erstere Ansetzung passt nur auf Nehemia. – Die Rechnung der Jahrwochen ist CHSP 31,25 beschrieben. Dort berichtet Abulph., dass Afric. von Artax. I. im 2. Jahr Neros sie ansetze (– 396 der Aer. Alex. sive Seleucid.) Vgl. Euseb. dem. ev. VIII, 2 und Hieron. zu Dan IX 25. – Das 20 Jahr des Artaxerx. = 5059 a W. = 449 v. Chr. = 82,4 Olymp. stimmt aber nicht zu der Regierungszeit des Artaxerxes I 465–424 v. Chr.; sein 20. Jahr ist notgedrungen 445 v. Chr. Also hat Ab. 4 Jahre Differenz gegen die griechischen Quellen. Eine ähnliche Differenz ergiebt sich mit dem Ptol. Canon. [Freimann] [illegible] CHSP 32. HD 88. – Dieser D. heisst in den Excerptt. Syrr. ex Eusebii Chron. ap. Repert. Or. XI 278 [illegible], ebenso in den Scholien des Bh. zu Hebr. 12, 8. vgl. Löhr, die Scholien des Bh. zu den paulin. Briefen. – Die unmittelbaren Nachfolger des Artaxerxes I werden in CHSP und in HD genannt: 1, Ahasver [bei Dion. Telm. 54: Hersees] und 2, Sogdianus; ihre Regierungszeit wird daselbst zu Artaxerxes gezählt. – Die Befreiung der Ägypter wird auch in CHSP 32, 7 und HD 88 berichtet, auch in HD findet sich die Zahl 124. Dieselbe ist falsch. Da CHSP die Befreiung in das 15. Regierungsjahr des Darius Nothus versetzt, gemäss den Tafeln also in das Jahr 5095 d. W., so würde man in das Jahr 4971 d. W. und in die Regierung des Darius Medus gelangen. Ist die Unterwerfung Aegyptens unter Cambyses infolge der Schlacht bei Pelusium gemeint, die 4981 der byz. Aera erfolgte, so muss es statt 124 nur 114 heissen. Wen von den drei Empörern Amyrtaeus, Achoris und Nectanebus man hier als den ersten König anzusehen habe, ist nicht erkennbar. vgl. Sync. 256. An. Syr. 205, 22.

[illegible] CHSP 32 HD 88: [illegible] und [illegible] sind wohl nur durch Schreibfehler aus [illegible] und [illegible] entstanden. – Zur Esthergesch: CHSP 32, 18 & HD 88; CHSP 31, 9 & HD 87 versetzen sie schon unter Xerxes I. –

[illegible] CHSP 32. HD 89. – Zur Deportierung der Juden CHSP: [illegible]. – In sein 13. Jahr fällt nach CHSP 32, 27 die Geburt Alexanders des Grossen. – Das Alter Platons wird CHSP 33, 5 auf 82 Jahre angegeben.

[illegible] CHSP 33. HD 89. – Die persische Königsreihe mit Arses: Artaxerxes II 404–359 Artaxerxes III 359–338 Arses 338–336 Darius III Codomannus, Sohn des Arsaces [Arsanes] 336–330 v. Chr; – ohne den Arses: Artaxerxes II 404–361 Artaxerxes III 361–336 Darius III 336–330. – – Der Tempelbau auf Gerizim ist wie bei Josephus, so auch bei Abulpharag um ein Jahrhundert herabgedrückt. cf. Jost, Gesch. des Judentums 48. Talm. bab. Joma fol. 69a. Joseph Antt. XI 5, 8 IX 14, 3.

Manasse ist nach der jüdischen Überlieferung der Sohn des Hohepriesters Jojada und der Schwiegersohn Sanballats. Nach CHSP 33, Dion. Telm. 54, Sync. 484 ist Manasse der Bruder des Jojada, ebenso nach Abulph. Chron. eccl., welches ihn auch als einen Hohepriester in Jerusalem (vgl. Eusebii chron. lib. II bei Migne, Patrol. gr. tom XIX 488.) aufführt. –

[Syriac] CHSP 35 HD 91. Statt unseres [Syriac] und der Lesarten in PG A [Syriac] B [Syriac] zu Dan XI, 2 darf nicht mit Bernstein [Syriac] conjiciert werden. Die Londoner Polyglotte nennt ihn in einer Glosse zu Dan. XI gar [Syriac]. Sh. hier Paul de Lagarde, Ges. Abh. 181, 19 unter אריוך. Chron. Pasch. I, 321 nennt diesen Darius als Sohn des Arsam. Dort heisst I, 320 der zwölfte König Ἀρσιόχος, der dreizehnte wäre Arsames und der letzte Darius; vgl. Eudoxius i. comm. varr. bei Mai a.a. O. 169.: Δαρεῖος τοῦ Ἀρσαμέ του. – Auch die Formen Ἀρσάκης, Ἀρσάης u.a. kommen oft vor. –

Hier wird die Tötung des Darius durch die Hand Alexanders angegeben, ebenso in HD 91: Dem [Syriac] der Tafeln entspricht CHSP 35, 16 [Syriac] und HD 91 فادركه الاسكندر عند مدينة اياس التي في فرضة البحر ببلد قيليقيا وقتله.

Der Hinweis auf Bessus bei Freimann a.a.O. ist also verfehlt (p 69) – Statt zweier Töchter nennt HD nur eine, die Roxane [Arabic], auch nach CHSP 36, 3 heiratet Alexander nur die Rawšank, ihre Schwester bleibt Gefangene. – Auch Malalas nennt die baktrische Prinzessin Roxane eine Tochter des Darius. –

[Syriac] CHSP 35 HD 96. – Die Einsetzung des Passus [Syriac] danach T gegen PABG war notwendig nach CHSP 35, 10: „Alexander beginnt die Herrschaft in Griechenland im 1. Jahr des letzten Darius" CHSP 35, 20 sowie HD 96. Vgl. im Anonymus: [Syriac]. Die Vergiftung Alexanders ist ein im Orient vielfach variiertes Thema. vgl. Denkschriften der Kais. Ak. der Wissensch. Wien 1890 hist.-phil. Classe XXXVIII Abhdl V: Nöldeke, Beiträge zur Gesch. des Alexanderromans. und zu Abulpharag HD 96 den Cod. Sachau Berlin 165 fol 16v – 18r, wo eine sonst in der syrischen Litteratur nicht vorkommende Erzählung zu finden ist. – Während Abulph. hier und im CHSP 35 die Grösse Alexanders hervorhebt, berichtet Bar-Hatim, dass derselbe von kleiner Statur war: الاسكندروس صغير الرجا. – Zu den 6½ Jahren siehe auch Theodos. 42: οὗτος (Ἀλέξανδρος) ἑβδόμῳ ἔτει τῆς ἑαυτοῦ βασιλείας χειρωσάμενος Πέρσας ἔτι πρὸς τούτοις τοῖς ἑπτὰ ἔτεσι βασιλεύει καὶ Περσῶν μετὰ τὸν Δαρεῖον ἔτη [?] ἥμισυ ἕξ. –

[Syriac] CHSP 36 HD 98. – Nach CHSP 36, 19 fällt die Einnahme Jerusalems in das erste Regierungsjahr. – Die Aera Alexandri = Seleucidarum beginnt mit der Schlacht von Gaza und dem Tode

Antiochus des Grossen von Syrien [CHSP 37. 2] 12 Jahr nach Alexanders Tod. — Abulph. folgt nachstehender Seleucidenreihe: [cf. Scholion z. Dan IX]

Seleucus I Nikator 312–280. Antiochus Soter 280–263. Antiochus Theos 263–247.
Seleucus Callinicus 247–226. Seleucus Cronos 226–223. Antiochus III Magnus 223–187.

Seleucus Philopator 187–175 | Antiochus IV. Epiphanes 174–163

Demetrius Soter 161–149 | Antiochus Eupator — 163–161. | Alexander Balas heirat. Dem. Cleopatra Tochter des Ptol. Ev. 149–130

Demetr. Nicator heiratet die Ww. Cleopatra Tochter des Ptol. Everg. 134–136; 130–126.

Antioch. Sidetes 136–130.

126–114. Antiochus Theos
Seleucus
Antiochus Cyric.

[illegible] CHSP 37. HD 100. — Zur griech. Bibelübers. HD, CHS, Dion. Telm. 62

[illegible] CHSP 38 HD 100. — Zu Simon vgl. Dion. Telm 48: [illegible] sh. auch. Kaatz, Scholien zu Sirach S. 20. Anm. — ferner BH. Chron. eccl. 21, ff. Text und Anm. — Simon hätte demnach 291 Jahre gelebt, vgl. Lucas II 25 ff.

[illegible] CHSP 39. HD 100. — Nach HD Judaea zuerst von Ptol. erobert, dann dessen Besiegung durch Antiochus, zuletzt Eroberung Judaeas durch Ant. —

[illegible] CHSP 39. HD 100. — Statt „21" HD u CHS „21 bz. 24". — Die Eroberung der syr. und jüd. Städte geschah mittelb. durch Scopas CHSL 42. Sync. 537.1.

[illegible] CHSP 40 HD 102. — Judaea wurde erst durch Ant. Epiphanes erobert, der (171–167) gegen Aegypten kämpfte. vg Macc VI. VII. — Die hiergenannte [illegible] heisst CHS [illegible] vgl. [illegible] Catal. libr. Ebedjesu in BO III, 7. — Cod. Sachau 7 №5 [Karsh.] Samuni und ihre Kinder. — Dion. Telm. 63, 12. — Assemani in BO III bemerkt: „Samonem autem vocant Graeci matrem Maccabaeorum" — bei Josippon heisst die Frau [illegible]. —

[illegible] CHSP 42 HD 103. — Cleopatra w. laut HD u. CHS die Tochter des Philometor! — Alexander = Alex. Balas sh. Schol. z. Dan XI im Ausar. — Demetrius = Dem. Nicator, sh. ebenda u. CHSL 45/46.

[illegible] CHSP 42 HD 104. — Statt „18" HD u CHS „17". — Freimanns [illegible] ist falsch cf. CHSP 42, 25. — Zur Flucht vgl. Dion. Telm. 66, 67. —

[illegible] CHSP 42. HD 104. — Das Königreich Syrien hörte nach CHS im 6. Jahr des Ptol. Alexander = 210 d. Sel. = 112 v. Chr. auf. — Syrien wurde aber erst

erst 65. v. Chr. nach der Entthronung des Ant. XIII. Asiaticus durch Pompeius röm. Provinz.

[Syriac]? [Syriac] CHSP 43. HD 106. – Zu den Namen der Salome Alexandra CHSL 47 CHSP 43,14 HD 106. – Aristobul wurde Gefangener durch Pompeius.

[Syriac] [Syriac] CHSP 44. HD 106 – zu „Caesar" vgl HD 106., Plin. hist. nat VII, 9., Malalas IX, 214 ed. Bonn. – Vielleicht ist in „[Syriac]" das Wortspiel „caesus–Caesar".

[Syriac] [Syriac] CHSP 44. HD 108. 109. – Nach HD regiert Aug. 56 Jahre, Christus wird in seinem 43. Jahr geb., folgl. 13 Jahr vor dem Tode des Aug. = 5508 d. W. [byz. Ära] CHSP 44,17 „Antonius" der Liebhaber der Cleopatra, nicht Aug. – Bei Dionys. Telm. heissen die Kinder Helios und Selene.

[Syriac] [Syriac] CHSP 46 ff HD 113. 114. – Statt „19" nur Schatzhöhle 61 „12", vgl. Matth. 27 Marc. 15. Luc. 23. Joh 19. – Die Steinigung des Protomartyrers Stephanus Act. VII.

[Syriac] [Syriac] CHSP 48 HD 115. – Die Aufstellung der Bilder geschah durch Petronius (HD u. CHS), von dieser Zeit beginnen die öfteren Empörungen der Juden. cf. Schol. z. Dan IX.

[Syriac] [Syriac] CHSP 49. HD 115. – Protonice als Auffinderin des Kreuzes: Nestle, Gramm. Syr. Hist. inv. sanct. Crucis [Syriac] ff., [e cod Paris 234] Hist. S. Crucis bis inv. e. cod. Lond. Gr. syr. 61 ff. – vgl. BH. Scholion in Act. XVIII, 2 ed. Klamroth. ferner Doctr. Addai 10, 9. CBM 1131b. – Bekehrung der Protonice: Nestle Syr. Gr. 1888 [Syriac] l. 8, Kirchenbau ib. – l. 75.

[Syriac] [Syriac] CHSP 49. HD 116. – Statt „13" HD u. CHS „12". – Nero tötete seine Mutter Agrippina und seine Gemahlin Octavia, so auch Dion. Telm 129. Sollte letztere [Syriac] genannt werden, weil Nero Adoptivsohn des Claudius und Octavia dessen Tochter war? – Zur Tötung des Petrus und Paulus vgl. Chron. eccl. 35, 36. CHSL 54. HD 116., Pitra. An. Sacr. IV, 266, 268, 269. Clem. Rom. ad. Cor. 5; Dion Telm 123 (wohl in das Jahr 64 n. Chr. zu setzen!). – Unter den 3 Tyrannen meint Abulph: Galba, Otho & Vitellius.

[Syriac] [Syriac] CHSP 50 HD 117. – Die Aussendung des Titus erfolgte nach CHSP 50,13 im 2. Regierungsjahr des Vesp. = 382 Seleucidarum 71 n. Chr! – Nach CHSP 50,26 kamen 10 Myriaden durch Hunger um, die Summe der Gestorbenen etc. betrug 1100000. – Das Citat ist Luc XIX, 43. – Die Schlusszahl 5585 war gewiss Versehen für 5557. –

. [Syriac]